6.—

KZ Osthofen

„Die Helden und Märtyrer jener Jahre, sie sind nicht diejenigen, die mit dem Kriegslorbeer aus den eroberten Ländern zurückkehrten. Sie sind diejenigen, die hinter Gittern und Stacheldraht zur Ehre des deutschen Namens starben und verdarben. ...

Unter ihnen gab es wenige von Adel und nicht sehr viele aus den Reihen des reinen Geistes. Unter ihnen gab es viele aus den Bezirken der Kirche, aber sie alle traten zurück hinter den langen Zügen, die aus den Hütten des armen Mannes bei Tag und bei Nacht ihren Todesweg antraten. Vieler Jahrzehnte Lasten, Hunger und Qual hat der deutsche Arbeiter getragen, Kriegs- und Friedenslasten, aber niemals hat er eine schwerere Last getragen als in diesen zwölf Jahren. Niemals auch eine ehrenvollere und keine Hand einer dunklen oder hellen Zukunft soll diesen unvergänglichen Glanz von seiner Stirne wischen."

Aus Ernst Wiecherts „Rede an die deutsche Jugend",
11. November 1945 in München

Paul Grünewald

KZ Osthofen

**Material zur Geschichte
eines fast vergessenen
Konzentrationslagers**

RÖDERBERG-VERLAG

Frankfurt am Main

ISBN 3-87682-709-4

Inhalt

Vorwort

Eines der ersten Konzentrationslager nach der sogenannten „Machtergrei-fung" der Nationalsozialisten und das erste im damaligen Volksstaat Hessen war das KZ Osthofen.

Um so erstaunlicher ist, daß es über lange Jahre und Jahrzehnte fast in Vergessenheit geraten war. Zwar gibt es eine große Anzahl verschiedenartiger Veröffentlichungen, die sich unter anderem oder am Rande auch mit dem KZ Osthofen befassen. Meist wird dann darauf hingewiesen, daß „den gemarter-ten Antifaschisten Osthofens die Schriftstellerin Anna Seghers mit ihrem Roman ‚Das siebte Kreuz' ein bleibendes Denkmal gesetzt" hat. So sehr das zutrifft, muß doch gesagt werden, daß dieser Roman das Thema des Faschismus und des antifaschistischen Widerstandes in Deutschland in viel größerem Umfang abhandelt, als nur auf das KZ Osthofen bezogen. Er kann und will keine Darstellung sein nur von Ereignissen in und im Zusammenhang mit diesem Lager. Es fehlt also eine zusammenhängende Darstellung über die Geschichte des KZ Osthofen. Sicher gibt es dafür mehrere Gründe.

Da ist zunächst die Tatsache, daß Erinnerungen an die ersten lokalen KZ und Folterhöhlen und damit auch deren Darstellung überschattet werden durch das ganze System der Konzentrationslager von Dachau, Sachsenhausen und Buchenwald bis Majdanek und Auschwitz. Der millionenfache perfektionierte Mord in diesen Lagern läßt das, was am Anfang des faschistischen Regimes geschehen ist, gering erscheinen. Um so wichtiger ist es darzustellen, warum und wie ein KZ Osthofen entstehen konnte. Es gilt nachzuzeichnen, wie der Weg des deutschen Faschismus von hier weiterführt mit seiner blutigen Spur, die schon in der Weimarer Republik begann, über das Jahr 1933 bis nach Auschwitz.

Von den ehemaligen Häftlingen des KZ Osthofen – Kommunisten, Sozialde-mokraten, Sozialisten, Juden – sind die meisten heute nicht mehr am Leben. Für viele war das KZ Osthofen erst der Beginn der Verfolgung und eine Etappe im antifaschistischen Kampf. Ihr Weg führte dann in andere KZ, in Gefängnisse und Zuchthäuser oder gar unter das Fallbeil, oder auch in die Emigration und in neuen Kampf außerhalb der Heimat. Soweit sie überlebten und zurückkamen, stand vor ihnen die Aufgabe, an vorderster Stelle am Aufbau einer erhofften und vorgestellten besseren politischen und gesellschaftlichen Ordnung mitzuarbeiten. Erinnerungen zu schreiben, Erfahrungen und Erkenntnisse festzuhalten, soweit sie das lange zurückliegende KZ Osthofen betrafen, schien zu dieser Zeit nicht so wichtig. Erst im Frühjahr 1972 bildete sich eine Lagergemeinschaft ehemaliger Insassen des KZ Osthofen, die zunächst zu einer Kundgebung am 27. Mai 1972 in Osthofen aufrief. In müheseliger Kleinarbeit wurde Material gesammelt. Jüngere Antifaschisten wurden interessiert und für eine Mitarbeit gewonnen, auch an einer geplanten Dokumentation. Umfangreiches Material, das zum Teil über die Thematik dieses Buches hinausgeht, wurde dankenswerterweise von Stefan Lutz-Bachmann, Frankfurt am Main, zur Verfügung gestellt. Am 7. Mai 1977 fand dann eine größere Demonstration durch Osthofen zum ehemaligen KZ statt, die mit einer Kundgebung und der Forderung nach einer Gedenkstätte abschloß. Das Erinnern war in Bewegung gekommen.

Trotz Verständnislosigkeit bei den zuständigen Landesregierungen wurde am 18. November 1978 aus eigener Kraft, durch Spenden ehemaliger Insassen und der solidarischen Unterstützung alter und junger Antifaschisten, an der Außenmauer des ehemaligen Konzentrationslagers Osthofen eine Gedenktafel angebracht. Antifaschisten aus dem früheren Volksstaat Hessen waren gemeinsam mit französischen und niederländischen Widerstandskämpfern bei der Enthüllung der Gedenktafel anwesend. Die Einweihungsfeier fand ihren Höhepunkt in der gemeinsamen Forderung:

,,Nichtverjährung der Naziverbrechen!
Keine Rehabilitierung des Nazismus!
Auflösung der SS-Verbände!''

Zur gleichen Zeit machte sich aber auch wieder bemerkbar, daß es starke Kräfte, nicht unerhebliche Kreise in der Bevölkerung gibt, die – wie bereits unmittelbar nach 1945 – verdrängen wollen, was gewesen ist. Dieser Prozeß des Verdrängens, praktiziert seit Jahrzehnten von alten und neuen Nazis, von gleichgültigen und ,,unpolitischen'' Zeitgenossen, hat vor allem verheerende Auswirkungen im Wissen um die jüngste Vergangenheit und um die politischen Zusammenhänge. Schlechtes Gewissen und Bequemlichkeit, reaktionäre und faschistische Böswilligkeit aber auch grobe Fahrlässigkeiten ergeben in der Darstellung oder in dem Verschweigen von Tatsachen aus der Vergangenheit einen politischen und gesellschaftlichen Zustand, der in der Gegenwart und in der Zukunft neue faschistische Gefahren in sich birgt. Andererseits ist festzustellen, daß in erster Linie junge Menschen immer stärker wissen wollen, was gewesen ist und warum es so gekommen ist. Daher erscheint es sinnvoll, auch mit einer Darstellung über das KZ Osthofen einen Beitrag für ein stärkeres antifaschistisches Bewußtsein zu leisten.

Der nachfolgende Bericht stützt sich auf Unterlagen aus Archiven, sowohl staatlichen wie auch privaten, auf bereits vorhandene Veröffentlichungen,

Demonstrationen durch Osthofen zum Gelände des ehemaligen Konzentrationslagers.

HIER WAR 1933-35
DAS HESSISCHE
KZ LAGER OSTHOFEN

NIEMALS WIEDER!

LAGERGEMEINSCHAFT
EHEMALIGER INSASSEN
DES KZ LAGERS OSTHOFEN

Diese Gedenktafel wurde am 18. November 1978 an der Außenmauer des ehemaligen KZ Osthofen angebracht.

soweit sie mit dem Thema irgendwie in Verbindung stehen, und auf viele Gespräche mit noch lebenden ehemaligen Häftlingen des KZ Osthofen.

Ein Anspruch auf Vollständigkeit kann und soll nicht erhoben werden. Vielmehr erscheint es wichtig und wünschenswert, daß die Arbeit möglichst viele ergänzende und kritische Zuschriften hervorruft, damit sie erweitert und verbessert werden kann. Dank sei all denen gesagt, die bisher mitgeholfen haben, Dank im voraus aber auch jenen, die uns noch weiterhelfen werden.

Zur politischen Situation
im Deutschen Reich vor 1933

Das Ende des Ersten Weltkrieges und die damit verbundenen revolutionären Ereignisse hatten zwar dazu geführt, daß das Kaiserreich durch die Republik abgelöst wurde, sich die gesellschaftlichen Verhältnisse aber nicht grundlegend änderten. Die politisch, vor allem aber wirtschaftlich herrschenden Kreise der Schwerindustrie, der Banken und des Großgrundbesitzes hatten in wenigen Jahren ihre alten Positionen nicht nur wiedererlangt, sondern noch ausgebaut. Der alte Beamtenapparat des Kaiserreiches war weitgehend in die Weimarer Republik übernommen worden. Das Hunderttausend-Mann-Heer der Reichswehr bildete einen Staat im Staate. Die Justiz erfüllte ihre Aufgabe als Klassenjustiz wie eh und je. Nach der brutalen Niederschlagung der revolutionären Arbeiterschaft, nach den Auswirkungen des Versailler Vertrages und nach der gewollten Inflation trugen die Massen der arbeitenden Menschen voll und ganz die Lasten des verlorenen Krieges. Erste faschistische oder reaktionäre Putschversuche brauchten die Herrschenden nicht unbedingt, denn ihnen genügte die Form dieser parlamentarischen Demokratie, ihre Herrschaftsansprüche aufrecht zu erhalten. Soweit sie nicht ausreichte, war die jeweils politische Führung bereit, mit antidemokratischen Methoden vorzugehen.

Nach einer gewissen wirtschaftlichen und politischen Konsolidierung der Weimarer Republik Mitte der zwanziger Jahre kam es 1928 zu einer Regierung der Großen Koalition unter Führung des Sozialdemokraten Hermann Müller. Im Spätherbst 1929 trafen die Auswirkungen der kapitalistischen Weltwirtschaftskrise nach dem Zusammenbruch der New Yorker Börse auch Deutschland mit voller Wucht. Damit spitzten sich die sozialen und politischen Auseinandersetzungen erneut zu. Die Zahlen der Arbeitslosen stiegen von Monat zu Monat sprunghaft (Höhepunkt im Jahre 1932: sechs Millionen). Konkurse von kleinen Gewerbetreibenden und Handwerkern sowie Zwangsversteigerungen bei den Bauern waren an der Tagesordnung. Die Herrschenden versuchten, die Krise zu Lasten der arbeitenden Menschen mit Hilfe der Regierung der Großen Koalition zu überwinden. Löhne und Gehälter wurden gekürzt. Erwerbslosen-,

Krisen- und Wohlfahrtsunterstützungen wurden sowohl in der Höhe wie nach der Dauer immer wieder gekürzt, wodurch millionenfaches Elend hervorgerufen wurde. Über eine erneut geplante Verschlechterung der Arbeitslosenversicherung stürzte am 27. März 1930 die Regierung. Ihr folgte die Regierung Brüning, die ohne parlamentarische Mehrheit mit Hilfe des berüchtigten Artikels 48 der Weimarer Verfassung und den außerparlamentarischen Kräften im Hintergrund regierte. Daran änderte sich zunächst auch nichts nach der Reichstagsauflösung und den Wahlen vom 14. September 1930, bei denen den Nationalsozialisten der erste große Wahlerfolg gelang. Es zeichnete sich ab, daß immer größere Kreise der Wirtschaft auf einen Ausweg aus der Krise in ihrem Sinn mit Hilfe der faschistischen NSDAP rechneten. Zur gleichen Zeit spielten sich auf den Straßen die blutigen Auseinandersetzungen zwischen dem Terror der faschistischen Horden der SA und der SS auf der einen Seite und der Abwehr der organisierten Arbeiterschaft auf der anderen Seite ab. Oft geschah das mit offener oder stillschweigender Duldung der Polizei. Demonstrationen und Versammlungen der Arbeiterschaft wurden verboten. Ihre Zeitungen waren zeitweise verboten. Die Justiz sah ihre Aufgabe darin, vor allem Angehörige der Arbeiterorganisationen vor Gericht zu stellen und zu verurteilen.

Neben der Tolerierung der Regierung Brüning durch die SPD erlebte Deutschland im Oktober 1931 das Zusammenrücken aller Feinde der Demokratie und der Arbeiterschaft: Vertreter der NSDAP, der Deutschnationalen Volkspartei, des Stahlhelm, anderer Verbände und aus der Schwerindustrie, der Banken, des Großgrundbesitzes und verschiedene Militärs schlossen sich zur sogenannten „Nationalen Opposition" in der Harzburger Front zusammen. Ziel war zunächst der Sturz der Reichsregierung wie auch der preußischen Regierung. Da den wirtschaftlich Herrschenden im Hinblick auf die sich immer mehr verschärfende Krise und die Gefahr einer Veränderung ihrer Gesellschaftsordnung die Erreichung dieses Zieles zu lange dauerte, bewirkten sie bei Reichspräsident von Hindenburg, daß er seinem Kanzler Brüning die Ermächtigung, mit Hilfe des Artikels 48 zu regieren, am 30. Mai 1932 entzog. Nachfolger wurde der reaktionäre Zentrumspolitiker von Papen, der nur mit Rückendeckung der Herrschenden und ohne parlamentarische Mehrheit regieren konnte. Seine ersten Maßnahmen: Auflösung des Reichstages; Wiederzulassung der militanten Verbände der Nazis, der SA und der SS, die kurz vorher verboten worden waren. Dann, am 20. Juli 1932, setzte er die Preußische Landesregierung, die aus Sozialdemokraten und Zentrumsleuten gebildet war, ab und ließ Preußen vom Reich aus kommissarisch verwalten. Ein weiterer Schritt zum autoritären Staat war getan. Die Reichstagswahlen vom 31. Juli 1932 brachten eine Verdoppelung der Nazistimmen, während die beiden Arbeiterparteien SPD und KPD insgesamt ihre Stimmen halten konnten. Aber schon die am 6. November 1932 erneut stattfindenden Wahlen zum

Reichstag brachten der NSDAP einen Verlust von 2,2 Millionen Stimmen, während die beiden Arbeiterparteien wiederum ihre Stimmen halten konnten, bei einer leichten Verschiebung zugunsten der KPD. Beide Parteien zusammen hatten 1,5 Millionen Stimmen mehr als die Nazis. Trotz der unmittelbar bestehenden Gefahr einer faschistischen Machtergreifung fanden sich die Führungen der großen Organisationen der Arbeiterbewegung nicht zusammen zum gemeinsamen Handeln, wenn auch an der Basis selbst immer wieder gemeinsame Aktionen stattfanden und gefordert wurden.

Mit der Ernennung des Reichswehrgenerals von Schleicher zum Reichskanzler wurde zwar noch ein Versuch gemacht, eine neue Regierung der Republik zu bilden. Doch entscheidende Kräfte aus der Schwerindustrie und der Großfinanz drängten immer stärker darauf, Hitler mit der Regierungsbildung zu beauftragen. Wichtiger Beleg dafür stellt – neben einer Fülle von anderen Dokumenten – die eidesstattliche Erklärung des Bankiers Freiherr von Schröder vor der Untersuchungsbehörde des Internationalen Militärgerichtshofes in Nürnberg dar, in der es u. a. heißt: ,,Als die NSDAP am 6. November 1932 ihren ersten Rückschlag erlitt und somit ihren Höhepunkt überschritten hatte, wurde eine Unterstützung durch die deutsche Wirtschaft besonders dringend. Ein gemeinsames Interesse der Wirtschaft bestand in der Angst vor dem Bolschewismus und in der Hoffnung, daß die Nationalsozialisten, einmal an der Macht, eine beständige politische und wirtschaftliche Grundlage in Deutschland herstellen würden." Von seiten der Industrie und der Wirtschaft wurde so der Weg für eine Koalitionsregierung der Nationalsozialisten und der Deutschnationalen unter der Führung Hitlers frei. Am 30. Januar 1933 beauftragte der Reichspräsident von Hindenburg Hitler mit der Regierungsbildung, die bereits vorher bis ins Einzelne abgesprochen war.

Im Volksstaat Hessen vor 1933

Der nach dem Ersten Weltkrieg in der Weimarer Republik entstandene Volksstaat Hessen mit seinen Provinzen Starkenburg, Rheinhessen und Oberhessen, Landeshauptstadt Darmstadt, hatte allgemein die gleiche Entwicklung, wie sie kurz für das ganze Reichsgebiet dargestellt worden ist. Abweichungen sind durch unterschiedliche soziale Strukturen bedingt.

Betrachtet man die berufliche Struktur, so stellt sich heraus, daß über 21 Prozent der Berufstätigen in der Land- und Forstwirtschaft, überwiegend in Ober- und Rheinhessen, mehr als 41 Prozent in Industrie- und Handwerksbetrieben, vor allem in den Städten Darmstadt, Offenbach und Gießen sowie in den kleineren Arbeitergemeinden wie Arheilgen, Eberstadt, Griesheim, Pfungstadt u. a., ferner rund 15 Prozent in Handel und Verkehr beschäftigt waren. Der sozialen Struktur entsprachen auch politische Verhaltensweisen, die sich vor allem immer wieder in Wahlergebnissen ablesen lassen. So hielten sich in den Arbeitergemeinden bis zu den Märzwahlen 1933 einschließlich die hohen Stimmanteile der beiden Arbeiterparteien, in vielen ländlichen Gemeinden und Kleinstädten mit überwiegend katholischer Bevölkerung die hohen Stimmanteile der Zentrumspartei.

Die Landesregierung in Darmstadt stand unter der Führung des sozialdemokratischen Staatspräsidenten Adelung und wurde von einer Koalition aus SPD und Zentrum getragen, im Parlament meist auch von der Staatspartei unterstützt. Der Regierung gehörte als Innenminister der Sozialdemokrat Wilhelm Leuschner an. Die Landtagswahlen am 15. November 1931 im Volksstaat Hessen ließen zwar die NSDAP zur stärksten Partei werden, dies jedoch vor allem durch einen ungeheuren Rückgang der Stimmenzahl für die bürgerlichen Parteien. Im Landtag wurde der bisherige Landtagspräsident Delp (SPD) durch den Nationalsozialisten Prof. Dr. Werner abgelöst. Die bisherige Regierung hatte nun im neuen Landtag keine Mehrheit wie zuvor, führte aber die Regierungsgeschäfte weiter – und zwar bis nach den Reichstagswahlen vom 5. März 1933 –, da die Nationalsozialisten, die Deutschnationalen, der Bauernbund und die Deutsche Volkspartei auch keine Mehrheit besaßen.

Die Stärke der Linksparteien und des katholischen Zentrums reichte lange Zeit und in vielen Gemeinden bei den zahlreichen Wahlen der verschiedensten Art aus, den Einfluß der Nazis in Grenzen zu halten. Um so stärker wurde der Terror der Faschisten auf der Straße und bei Versammlungen, Kundgebungen und Demonstrationen. Vor allem mit den Auswirkungen der Weltwirtschaftskrise 1929 auch in Deutschland – Erwerbslosigkeit, wirtschaftliche Not von Kleingewerbetreibenden, Handwerkern und Bauern – verstärkte sich der faschistische Terror. Am 16. November 1930 warnte der Hessische Innenminister Leuschner auf dem Paradeplatz in Darmstadt vor der faschistischen Gefahr und rief zum entschlossenen Kampf gegen die Gewaltmethoden der Nazis auf. Die Last und die Opfer dieses Abwehrkampfes lagen jedoch bei den Organisationen und den Menschen der Arbeiterbewegung. Dabei fehlte auch hier der Entschluß der Führungen zum gemeinsamen Handeln. Wenn es zu gemeinsamen Aktionen kam, dann nur spontan und nur an der Basis selbst. So beispielsweise in Michelstadt im Odenwald, in Bickenbach an der Bergstraße, Auerbach/Bensheim an der Bergstraße, Griesheim bei Darmstadt und in anderen Orten. Das zeigte sich nach dem Machtantritt der Nazis auch an ihrer Rache, durch die Verfolgung der Antifaschisten in besonderer Schärfe und ihre Einweisung in das KZ Osthofen.

Über den Terror der Nazis gegen die Bevölkerung gibt es eine interessante Selbstdarstellung des Groß-Gerauer SA-Führers Ludwig Moos, „SA in Hessen, Geschichte der Brigaden 50 und 150", geschrieben im Jahre 1934 und

Ins Konzentrationslager verbracht

Darmstadt, 12. August.

Das Hessische Staatspolizeiamt teilt mit:
Nachdem bereits vor einigen Tagen der berüchtigte Exbürgermeister u. Landfriedensbrecher Karlo Neff aus Michelstadt durch Beamte des Hessischen Staatspolizeiamtes festgenommen und ins Konzentrationslager verbracht worden war, fanden gestern in Michelstadt erneut eine Reihe von Festnahmen statt. Auf Anordnung des Hessischen Staatspolizeiamtes wurden insgesamt 11 ehemalige Angehörige der SPD. durch die Gendarmerie verhaftet und durch das Sonderkommando sofort nach Osthofen verbracht. Auf dem Marktplatz, vor dem alten historischen Rathaus in Michelstadt hatte sich eine riesige Menschenmenge angesammelt, die durch lebhafte Beifallskundgebungen ihrer Genugtuung über den Abtransport der Marxisten Ausdruck gab. Bei den Schutzhaftgefangenen handelt es sich fast durchweg um Personen, die an den bekannten Landfriedensbrüchen in Michelstadt beteiligt waren und bisher dafür keinerlei Strafe verbüßt haben. Dies hatte ihnen den Mut gegeben, sich auch jetzt noch gegen die nationale Regierung zu betätigen und bei jeder Gelegenheit gegen den Führer Stellung zu nehmen.

Polizeibericht in der „Oberhessischen Tageszeitung" vom 13. August 1933

daher ohne jede Hemmungen. An einer Stelle heißt es: „Eine Abwechslung im SA-Dienst bedeutet es, wenn es galt, eine Veranstaltung zu sprengen oder zu stören. Daß derartige Unternehmen natürlich auf den heftigsten Widerstand der Gegner stießen, ist selbstverständlich." Daß es zwischen der SA und der Polizei, bzw. Teilen der Polizei, Querverbindungen gab, wird an anderer Stelle offenherzig dargestellt. Es ist die Frühgeschichte der SA, als sie vorübergehend verboten worden war: „Die damalige verbotene SA und die politische Polizei standen in denkbar bestem Einvernehmen. Oftmals wird die getarnte SA zum Spionageabwehrkampf herangezogen. Als Gegendienst dafür ließ der Kommissar Günther, wenn er auf Befehl Leuschners eine Haussuchung vornehmen mußte, zwei Stunden vorher dies durch einen Beamten ankündigen. Es wurde dann natürlich nichts gefunden und, wenn was gefunden wurde, einfach übersehen." Bei der Darstellung der in den Jahren 1931 und 1932 gegründeten MSA (motorisierte SA) lesen wir: „Am 10. Juli 1932 hatte sich die Oberstaffel Hessen–Darmstadt die Aufgabe gestellt, in die ausgesprochen roten und schwarzen Gebietsteile von Starkenburg als Propaganda für die Reichstagswahl das Braunhemd zu tragen. ... In Oberroden und Eppertshausen setzten die ersten Schlägereien ein und in Münster kam es zur offenen Straßenschlacht. ...

... Bis zum Eintreffen des Überfallkommandos waren die Blutspuren auf den Braunhemden mit Benzin gereinigt... Der Trupp wurde bald weit über Langens Grenzen unter dem Namen ‚Rollkommando und Mordsturm' bekannt. Jeder einzelne des Trupps hatte eine Pistole in seinem Besitz. Der Motorsturm war immer da, wenn es die Roten nicht vermuteten, und immer verschwunden, wenn die Polizei anrückte. Bei der Wahlpropaganda zeichnete er sich nicht nur durch zugkräftige Malarbeit aus, sondern holte auch im Jahre 1931/32 in den umliegenden Orten, wie Sprendlingen, Dietzenbach, Egelsbach, Offenthal und Mörfelden, Fahnen und Transparente, die als Propaganda den Marxisten dienten, unter den schwierigsten Umständen und Schießereien herunter."

Soweit die Eigendarstellung. Daß solcher Terror nicht Eigenmächtigkeit unterer Gruppen und einzelner Personen war, sondern von der Führung klar und deutlich geplant war, sollte sich im November 1931 zeigen.

Die Boxheimer Dokumente und Dr. Werner Best

Ende November 1931, etwa zehn Tage nach den Landtagswahlen im Volksstaat Hessen, erschienen in allen großen Zeitungen aufsehenerregende Artikel. So berichtete die „Vossische Zeitung", Berlin, vom 26. November 1931 auf der ersten Seite mit großer Schlagzeile: „Reichsanwalt gegen Hitlerführer – Ermittlungsverfahren wegen Hochverrats im Gau Hessen". Was war geschehen? Mitte September 1931 fand auf dem Boxheimer Hof bei Lampertheim, dessen Pächter Dr. Wagner war, eine geheime Besprechung nationalsozialistischer Führer statt. Besondere Fragen, die nach einer Übernahme der Macht durch die Nationalsozialisten zu lösen wären, wurden einem engeren Kreis vorbehalten. Dem gehörten die folgenden nationalsozialistischen Führer an, die inzwischen Abgeordnete des Hessischen Landtags geworden waren: Hauptmann a. D. Wassung, Gerichtsassessor Dr. Best, Gaufachberater Dr. Wagner, Wirtschaftsreferent Dr. Schäfer, Kapitänleutnant a. D. von Davidsohn und Privatsekretär des Gauleiters von Hessen, Stavinoga. Diesem Kreis wurden Entwürfe der für den „Ernstfall" geplanten Maßnahmen, Anordnungen und Befehle vorgelegt, und zwar von dem Gerichtsassessor Dr. Best, der übrigens Leiter der Rechtsabteilung der Gauleitung war, als er in den hessischen Staatsgerichtshof gewählt wurde.

ADBZ Nr. 135 / 1931 / 28. 11. 31

Das Dokument des Nazi-Hochverrats

Um unseren Lesern ein Bild von dem zu geben, was die „legalen" Nationalsozialisten im Falle ihrer gewaltsamen Machtergreifung planen, veröffentlichen wir nachstehend die von dem bisherigen Naziführer Dr. Schäfer der Polizei freigegebenen hochverräterischen Dokumente.

Gemäß der ersten Bekanntmachung unserer Führung nach dem Wegfall der seitherigen obersten Staatsbehörden und nach Ueberwindung der Kommune in einem für einheitliche Verwaltung geeigneten Gebiet. Bekanntgabe:

1. durch öffentlichen Anschlag,
2. durch Zustellung an alle Behörden.

SA.-Diktatur

Volksgenossen!

Die seitherigen Träger der Staatsgewalt im Lande wie im Lande sind durch die Ereignisse der letzten Tage (Wochen) weggefallen. Durch diese plötzliche Veränderung ist ... uns im November ...

... Macht (bei) ... St. allein bei ...
(SA., Landeswehren u. ä.). Ihre Führung bei ... das Recht und die Pflicht, zur Rettung ...

... Kreises die verworfene Staatsgewalt zu ergreifen ... zugunsten. Sie tut dies im Namen der besten ... Nation, vor deren Zukunft allein im Falle der ... ihrer Aufgabe und für die Wahl ihrer ... verantwortlich ist.

Die unerhörte Gefahr erfordert außerordentliche Führung, um zunächst das nackte Leben des ... zu retten. Erste Aufgabe ist Herstellung der ... Sicherheit und die Organisation der Ernährung. Nur schärfste Disziplin bei Beachtung und rücksichtslose Durchführung der gebotenen Maßregeln lassen ... dieser Aufgaben als möglich erscheinen.

Todesstrafe für Beamte

Es Befehlshaber der ... (SA., Landeswehren u. ä.) in ... (Starkenburg, Rheinhessen, Oberhessen) gebe ich hiermit folgenden Befehl:

Es gesamte Bevölkerung des Landes bekannt:

1. Jeder Machtinhaber der ... (SA., Landeswehren u. ä.), gleich von welchem Dienstgrade er ... ist jeder Beamte und Angestellte, sowie jeder Polizist jede Einzelhandlung ... kann beim Vorliegen besonderer Umstände anderer Straßen verhängen ...

A. Erfassung der Lebensmittel.

1. Alle Lebensmittel stehen zur Verfügung der ... (SA., Landeswehren u. ä.) und sind anderen Beauftragten auf Anforderung ohne Entgelt abzuliefern.

2. Jeder Erzeuger (Urerzeuger und verarbeitender Erzeuger) und Händler (Groß- und Klein-) hat seinem Eigentum liegenden (gleichwo lagernden oder in seinem Besitz befindlichen Lebensmittel der ihm zuständigen Bürgermeisterei einzureichen.

3. Jeder Verkauf und jede zwischenweise Verkaufung von Lebensmitteln ist verboten.

4. Strafe für jede Bereitstellung der Feststellung und Ablieferung und für jeden Verkauf und Tausch von Lebensmitteln:

a) immer: Einziehung des gesamten Vermögens.

b) daneben zulässig: jede Art von jeder Grad von Freiheitsstrafen. Todesstrafe nach dem ersten „Befehl an die Bevölkerung" des Führers.)

B. Feststellung der Ernährenden.

Jeder über 16 Jahre alte Mann bzw. Frau hat sich mit seine über 16 Jahre alten Kinder unverzüglich eine genaue Aufstellung aller im unverzüglich der Bürgermeisterei des Aufenthaltsortes zu melden.

Krankenhäuser und ähnliche Institute haben alle Insassen zu melden.

C. Durchführung der Volksernährung:

1. Rationierung.
2. Zuteilung von Lebensmitteln
a) Ausgabe von Karten.
b) Ausgabe der Lebensmittel gegen diese Karten (ohne Bezahlung).

Hungerdiktatur

II.

Richtlinien für Verwaltungsmaßnahmen zur Durchführung der Notverordnung zur Sicherung der Ernährung der Bevölkerung:

1. Anweisung an die Bürgermeistereien:
a) Die Aufstellung der Lebensmittel und der zu Ernährenden (A, 2 und B der Richtlinien) sofort unseren zuständigen Amtsstellen (siehe unter 2) einzureichen, desgl. einen Vorschlag, welche die bestmöglichste Versorgung gestattet, wie der Bedarf zu decken ist. Die Kollektivausgabe einzurichten und die Ausgabe der Lebensmittelkarten und die Lebens-

mittelausgabe (Hilfskräfte die bisherigen Händler) vorzubereiten.

2. Einrichtung einer Ernährungsstelle zur Verteilung der Lebensmittel auf die Gemeinden. (Hilfskräfte: die Beamten der mittleren Verwaltung: Kreisämter.)

Sparguthaben in Gefahr

III.

Richtlinien für eine Notverordnung zur Sicherung des gegenwärtigen Eigentumsstandes.

Betanntgabe:
1. Durch öffentlichen Anschlag.
2. Durch Zustellung an alle Gerichte, Notare, Gerichtsvollzieher, Vollstreckungsbeamte.

Die Führung der ... (SA., Landeswehren u. ä.) ist gezwungen, zur Rettung des Lebens der Bevölkerung über alle vorhandenen Vorräte an verbrauchbaren Lebensnotwendigkeiten (Gegenständen, bzw. praktisch über den gesamten Ertrag des Volksvermögens und über das Bruttogeno laben einzelnen Volksgenossen zu verfügen (somit auch über die Sparguthaben. D. Red. d. ADBZ).

Es gibt bis zu anderweiter Regelung kein Privateigentum mehr. Dafür wird der gegenwärtige Vermögensstand durch Sicherung des Eigentumsanspruches und Festhaltung der berechtigten Ansprüche sichergestellt. Hierfür sind folgende Maßnahmen angeordnen:

1. Jede Zwangsvollstreckung wegen Geldforderungen unterbleibt. Vorgenommene Vollstreckungsmaßnahmen sind aufzuheben.

2. Jede Versicherung von Ansprüchen bis zum Ablauf eines Jahres nach Beendigung dieser Verordnung gehemmt.

3. Jede Zinsenlauf für Geldforderungen ist bis zum Ablauf anderer Bestimmungen aufgehoben. Das gleiche gilt für den Mietzins für Wohnräume.

4. Dinglich belastungen von Grundstücken für Geldforderungen dürfen bis zum Erlaß anderer Bestimmungen nicht gestellt werden.

5. Jeder Schuldner von Wertindheiten über 1000 Mk. hat dem für ihn zuständigen Amtsgericht ein Verzeichnis seiner Gläubiger und Schulden sowie der Forderungen. Zahlung dieser Beträge eine Hinterlegung über die Feststellung des Betrages der Schuld zu verfahren. Zählung dieser Beträge zum Gläubiger oder der Schuldner anerkannt, so hat das Gericht die Forderung erfüllt.

Aufrichtung eines Parteibeamtentums

IV.

Richtlinien für die Schaffung eigener Verwaltungseinrichtungen.

1. Einrichtung von Feldgerichten zur Aburteilung von Verstößen gegen den „Befehl an die Bevölkerung" und gegen die Notverordnungen, um dem Anschein der Willkür zu vermeiden. Ver...einfachtes und beschleunigtes Verfahren in Anlehnung an die StPO. Belegung: Einzelrichter (Zurift); wenn Todesstrafe in Frage steht, drei Richter, darunter mindestens ein Jurist als Vorsitzender.

2. Einrichtung einer Verwaltungsabteilung, die bei der zunächst den Behörden das rechtlich im Dienste der Bevölkerung zur Erfüllung der Dienstpflicht bzw. von der Bereitschaft zu ihr (Appelle) abhängig.

Zwangsarbeit

V.

Richtlinien für eine Notverordnung über die nationale Arbeitsdienstpflicht.

1. Jeder Deutsche (nicht Juden usw.) männlichen und weiblichen Geschlechts ist vom 16. Lebensjahr zur Dienstleistung nach Anordnungen der Behörden verpflichtet. Ausgenommen ist, wer der ... (SA., Landeswehr u. ä.) angehört oder beruflich im Dienste der Behörden und ... rechtlich im Dienste der Bevölkerung zur Erfüllung der Dienstpflicht.

2. Der Umfang und Ernährung gemäß der Notverordnung zur Sicherung der Ernährung der Bevölkerung ist von der Erfüllung der Dienstpflicht bzw. von der Bereitschaft zu ihr (Appelle) abhängig.

3. Art, Maß und Organisation der Pflichtarbeit nach den örtlichen Bedürfnissen:
a) in der Produktion
A. außer der bringenden Lebensbedürfnisse (Nahrung, Kleidung usw.),
B. in der Bearbeitung vorhandener Rohstoffe zur Schaffung von Außenhandels... werten.
b) in der Erhaltungsarbeit
A. an öffentlichen Anlagen (Straßen, Bauten usw.),
B. an Privatarbeit (Erhaltung der Wohnhäuser als Ersatz für den weggefallenen Mietzins).
c) in der Erweiterung des Nahrungsspielraums (Meliorationen usw.).

Dokumentationsarchiv des deutschen Widerstandes

Wie zahlreiche andere Zeitungen berichtete auch die „Allgemeine Deutsche Beamtenzeitung" am 28. November 1931 über die faschistischen Boxheimer Dokumente.

Die „Vossische Zeitung" schrieb: „Der Entwurf atmet den Geist brutalster Gewalt. Fast jede Zuwiderhandlung wird mit dem Tode bedroht, und darüber hinaus kann auch sonst auf Todesstrafe erkannt werden, ja bei gewissen Zuwiderhandlungen soll Erschießung ohne Verfahren vorgenommen werden."

Einer der Teilnehmer der Boxheimer Runde, der Kreisleiter von Offenbach, Dr. Schäfer, meldete Bedenken an, der Entwurf sei doch wohl illegal. Schäfer war es auch, der dann am 25. November 1931, aus welchen Gründen auch immer, den Entwurf dem Frankfurter Polizeipräsidenten übermittelte. Sofortige Haussuchungen bestätigten nicht nur die Echtheit des Dokuments, sondern auch seinen parteioffiziösen Charakter. Was geschah in dieser Situation, in der Hitler seit dem Ulmer Reichswehrprozeß 1930 wiederholt den Legalitätskurs seiner Partei betont hatte, einer Situation, in der die Führung der hessischen Zentrumspartei gerade Regierungsverhandlungen mit der NSDAP führte, die sich dann allerdings zerschlugen?

Außer einer vorübergehenden Suspendierung Bests in seiner Eigenschaft als Gerichtsassessor durch den Hessischen Justizminister geschah zunächst nichts. Die Untersuchung im Hochverratsverfahren gegen Best zog sich fast ein Jahr hin. Am 12. Oktober 1932 erklärte das Reichsgericht: ,,Durch einen nach nicht öffentlicher Beratung gefaßten Beschluß des vierten Strafsenats des Reichsgerichts ist der Verfasser der Boxheimer Dokumente, Dr. Best, aus Gründen mangelnden Beweises hinsichtlich der Anschuldigung des versuchten Hochverrats außer Verfolgung gesetzt worden." In der Begründung hieß es, dem Beschuldigten sei nicht nachzuweisen, daß seine Pläne nicht den behaupteten Zweck hätten, nämlich die ,,Abwehr eines kommunistischen Aufstands".

Im Zusammenhang mit den Boxheimer Dokumenten und den Maßnahmen gegen die faschistischen Urheber erhielt der Hessische Innenminister Wilhelm Leuschner anonyme Morddrohungen. Im Hessischen Landtag taten sich die NSDAP-Abgeordneten durch ihren Terror gegen die Abgeordneten der beiden Arbeiterparteien SPD und KPD besonders hervor.

Aus dem Bericht über die Landtagssitzung vom 17. Februar 1932: ,,Der nationalsozialistische Abgeordnete Lenz wiederholt und verschärft seine Angriffe auf die Anhänger der Linksparteien und fordert die hessischen Nationalsozialisten auf, in jeder Weise vom Notwehr- und Notstandsrecht zum Schutze ihres Lebens Gebrauch zu machen, da Hessen wegen des Verhaltens der behördlichen Organe in den offenen Bürgerkrieg treibe. In den Abgeordnetenreihen und auf der Zuschauertribüne entsteht große Unruhe. Der kommunistische Abgeordnete Galm tritt erregt ans Rednerpult und ruft in den Saal: ,Wir werden nicht zulassen, daß Sie zum offenen Mord auffordern!' Die Nationalsozialisten stürzen sich unter ohrenbetäubenden Schreien auf den Redner, die Linke stellt sich schützend vor ihn. Unter lautem Gejohle beginnt eine allgemeine Schlägerei." Auch in folgenden Landtagssitzungen setzten sich die tätlichen Angriffe und die Morddrohungen der Nationalsozialisten fort. Als in einer Debatte der SA-Oberführer Hauer u. a. das Erzberger-Attentat rechtfertigte und der SPD-Abgeordnete Pringsheim dagegen protestierte, rief ihm Hauer zu: ,,Sei nur ruhig, du kommst auch noch dran!"

Im Zusammenhang mit den Boxheimer Dokumenten und ihrem Bekanntwerden in der Öffentlichkeit stellten die Nationalsozialisten im Landtag einen

Antrag, der die sofortige Abberufung des Hessischen Innenministers und Sozialdemokraten Leuschner forderte. Obwohl der Antrag eine Mehrheit fand, da sich das Zentrum, das mit der SPD in der Regierungskoalition war, der

Dr. Best Landes-Polizeipräsident

Das Personalamt des Hessischen Staatsministeriums gibt bekannt:

Da die zahlreichen „Staatskommissariate" nunmehr verschwinden sollen, ist der bisherige Staatskommissar für das Polizeiwesen in Hessen, Regierungsrat Dr. Werner Best, am 10. Juli 1933 (seinem 30. Geburtstag) vom Reichsstatthalter in Hessen zum Leiter der Hessischen Staatspolizei mit der Dienstbezeichnung Landes-Polizeipräsident ernannt worden. Zugleich wurde ihm von der Staatsregierung die Leitung der Abteilung Ia (Polizei) des Hessischen Staatsministeriums übertragen.

Einige Daten aus Dr. Best's Leben...

Geboren 10. Juli 1903 in Darmstadt. Evangelisch getauft. Vater Konrad Best, höherer Postbeamter, Herbst 1914 als Oberleutnant d. Res. und Komp.-Führer im J.-R. 168 in Frankreich gefallen.

Schulbesuch: 1909—1912 in Liegnitz,
1912—1914 in Dortmund,
1914—1921 in Mainz (human. Gymnasium).

Rechtsstudium: 1921—1925 in Frankfurt a. M., Freiburg i. Br., Gießen.
Referendardienst: 1925—1928 in Mainz.
Zum Dr. jur. promoviert 1927 in Heidelberg.
Jur. Staatsexamen 1928 in Darmstadt.
Als Richter in der Hessischen Justiz beschäftigt 1929—1931.
Am 1. Dezember 1931 wegen des „Boxheimer Dokuments" aus dem Justizdienst entlassen und bis zum 6. März 1933 mit Frau und Kind ohne Einkommen.
Bis Oktober 1932 Hochverratsverfahren beim Reichsgericht.
Seit 6. März 1933 vom Reichskommissar Dr. Müller bestellter Sonderkommissar für das Polizeiwesen in Hessen.

...und politischen Werdegang.

1919 mit 16 Jahren Gründer des ersten nationalen Jugendbundes im besetzten Gebiet (Mainz).
1919 erster Zusammenstoß mit der pénétration pacifique der Franzosen im Mainzer Gymnasium (Ablehnung der von einem französischen Colonel zugeteilten Prämie).
1920 Mitbegründer der Ortsgruppe Mainz des „Deutschvölkischen Schutz- und Trutzbundes".
Seit 1921 im „Deutschen Hochschulring" Mitkämpfer für völkisches Studentenrecht.
1923/24 aktiv im Abwehrkampf am Rhein tätig. Zweimal im französischen Gefängnis. 1924 zu 3 Jahren Gefängnis verurteilt, 5 Monate in Haft, durch Londoner Abkommen amnestiert. 1925 Versuch der Zusammenfassung nationaler Verbände im „Nationalblock in Hessen". Erste Fühlung mit der NSDAP. Seit 1930 Amtswalter der NSDAP. Zuletzt Kreisleiter der Kreise Mainz und Bingen.
Seit 1931 Hessischer Landtagsabgeordneter der NSDAP. SS-Sturmführer.

Am 14. Juli 1933 gab die „Oberhessische Tageszeitung" einen Überblick über die bisherige Karriere des Dr. Werner Best.

Stimme enthielt, blieb er ohne Wirkung. Der bereits erwähnte SA-Führer Ludwig Moos berichtete in seiner Geschichte der SA ebenfalls, natürlich in der ihm eigenen Art, über die Dokumente. Der Bericht sei hier nur in seinem Schlußabsatz, wo es um den Offenbacher Kreisleiter der NSDAP, Dr. Schäfer, geht, zitiert: „Ein kleines Nachspiel hatte dieser Fall noch nach der Machtergreifung. Herr Schäfer war so unvorsichtig, sich wieder in seinem früheren Wirkungsbereich blicken zu lassen, und die kleine Zeitungsnotiz: ‚Der durch die Boxheimer Hochverratsaffäre 1931 bekannt gewordene Schäfer aus Offenbach wurde heute mit einigen Schüssen durch den Hals auf den Schienen tot aufgefunden' zeigt das Ende eines Verräters."

Der Weg zur sogenannten Machtergreifung, von dort über die Provokation des Reichstagsbrandes und zu den KZ, auch im Volksstaat Hessen, war durch den faschistischen Terror vorgezeichnet. In diesem Zusammenhang soll einer der Repräsentanten der faschistischen Nazipartei, eben jener Dr. Werner Best, etwas näher betrachtet werden. Sein Lebenslauf ist nicht nur typisch, sondern er selbst spielt auch eine besondere Rolle im Zusammenhang mit dem KZ Osthofen, wie wir noch sehen werden.

Best, Sohn einer „nationalen" Beamtenfamilie, wurde 1903 in Darmstadt geboren.

Nach einigen Jahren in anderen Städten kam die Familie 1914 nach Mainz. Im Laufe des Ersten Weltkrieges gerät der junge Best unter den Einfluß des Alldeutschen Verbandes. Nach dem Ende des Krieges fühlt er sich zum „nationalen Widerstand" berufen. 1919 und die Jahre danach ist er im Deutschnationalen Jugendbund und der Deutschnationalen Volkspartei. Während seiner Studienzeit von 1921 bis 1925 – Studium der Rechtswissenschaft – ist er in rechten und ultrarechten Kreisen zu finden. 1929 finden wir ihn als Gerichtsassessor im Dienste der hessischen Justiz. Um diese Zeit verläßt der werdende Richter die Deutschnationalen und schließt sich 1930 nach deren erstem großen Wahlerfolg am 14. September den Nationalsozialisten an. Er wird juristischer Berater der Gauleitung der NSDAP, dann Leiter der Rechtsabteilung, im November 1931 hessischer Landtagsabgeordneter. In jene Zeit fällt die Affäre mit den erwähnten Boxheimer Dokumenten. In die gleiche Zeit gehört auch das Datum seines Eintritts in die SS. Nach den Reichstagswahlen vom 5. März 1933 und der „Gleichschaltung" in Hessen, wird Best Sonderkommissar für das Polizeiwesen in Hessen. Das Dokument über die „Schaffung eines Konzentrationslagers in Osthofen" vom 1. Mai 1933 trägt seine Unterschrift. Am 10. Juli 1933 wird er zum Leiter der Hessischen Staatspolizei mit der Dienstbezeichnung Landespolizeipräsident ernannt. Zugleich wird ihm von der Staatsregierung die Leitung der Abteilung Ia (Polizei) des Hessischen Staatsministeriums übertragen. Er ist jetzt Regierungsrat und SS-Sturmführer.

Der Staatskommissar
für das Polizeiwesen in Hessen.   *Darmstadt, den 1. Mai 1933.*

Zu Nr.M.d.J. 6007.

Betreffend: *Durchführung der Verordnung des Reichspräsidenten zum Schutze von Volk und Staat vom 28.Februar 1933; hier: Schaf=fung eines Konzentrationslagers in Osthofen.*

Zur Durchführung der aus politischen Gründen gemäß § 1 der Verordnung des Reichspräsidenten zum Schutze von Volk und Staat vom 28.Februar 1933 zu verhängenden Polizeihaft wird angeordnet:

1. Für das Land Hessen wird ein Konzentrationslager einge=richtet, in dem alle aus politischen Gründen in Polizei=haft genommenen Personen unterzubringen sind, deren Haft bereits länger als eine Woche dauert oder über eine Woche ausgedehnt werden soll.

     Ein abweichender Haftvollzug (kürzere Haft im Kon=zentrationslager oder längere Haft an anderer Stelle) bedarf meiner Genehmigung.

2. Das Hessische Konzentrationslager wird eingerichtet auf dem Gelände der Papierfabrik in Osthofen, Kreis Worms.

3. Die Verwaltung des Hessischen Konzentrationslagers wird dem Polizeiamt Worms übertragen.

4. Zum ehrenamtlichen Leiter des Hessischen Konzentrations=lagers wird der SS.-Sturmbannführer Karl d'Angelo in Osthofen bestimmt. Er untersteht der Dienstaufsicht des Polizeiamts Worms. Der Lagerdienst wird durch Hilfspoli=zeibeamte ausgeübt, die vom Polizeiamt Worms einberufen

An
die Kreisämter, staatlichen
Polizeiämter und Zentralpolizei=
stelle.

./.

641

Anordnung des Staatskommissars für das Polizeiwesen in Hessen, Werner Best, über die Schaffung eines Konzentrationslagers in Osthofen vom 1. Mai 1933.

und mir namentlich zu melden sind.

5. Das Polizeiamt Worms hat eine <u>Lagerordnung</u> auszuarbeiten und mir zur Genehmigung vorzulegen.

6. Zur Verhängung der Haft sind ausschließlich zuständig:

   1. in meinem Auftrage die Zentralpolizeistelle,

   2. die Kreisämter und die Polizeiämter in Darmstadt, Mainz, Gießen, Offenbach und Worms (vgl. Ziff.2 meiner Anordnung zur Durchführung der Verordnung des Herrn Reichspräsidenten zum Schutze von Volk und Staat vom 28.Februar 1933) (R.G.Bl. I. S. 83 vom 14. März 1933) (Nr. M.d.J.3004).

7. Die Überweisung eines Häftlings in das Konzentrationslager erfolgt durch Schreiben gemäß Muster 1 an die Verwaltung des Konzentrationslagers in Osthofen. Das Schreiben wird in der Regel dem Beamten mitzugeben sein, der die Überführung des Häftlings in das Lager ausführt. Je eine Abschrift des Überweisungs= schreibens ist dem Polizeiamt Worms zu übersenden und mir vor= zulegen.

8. Das Polizeiamt Worms legt mir laufend Meldungen über die Bele= gung des Lagers nach dem Stand von Montag jeder Woche vor (Muster 2), erstmalig nach dem Stand von Montag, den 8. Mai 1933.

9. Hinsichtlich der Verpflegung der Häftlinge finden die Bestim= mungen der Ausschreiben vom 30.September 1930 zu Nr.M.d.J. 10868 bezw. 17. November 1932 zu Nr.M.d.J.11913 betreffend Ver= pflegung der vorläufig in Polizeigewahrsam befindlichen Per= sonen Anwendung.

Der Verpflegungsnachweis hat nach Muster 3 zu erfolgen.

Die gesamten Wirtschaftskosten sind vom Polizeiamt Worms zu Lasten des unter Vorlage für die Durchführung des Konzentrations= lagers eröffneten Kredits anzuweisen.

Wegen Prüfung und Richtigkeitsbescheinigung der Rechnungs= belege gelten die für die Anweisung der sachlichen Ausgaben des Staates erlassenen Bestimmungen.

Beschaffungen, mit Ausnahme der Verpflegungsmittel, bedürfen meiner vorherigen Genehmigung.

ıl.zu Nr.M.d.J.6007/33.   Muster 1.

.............,den   1933.

Es wird hierdurch

(Name) . . . .

(Geburtstag und Geburtsort) . . . .

(Staatsangehörigkeit) . . . .

dem Konzentrationslager Osthofen zwecks Vollzug der polizeilichen
Haft überwiesen.

Wir bitten, den Genannten — einwandfreie Führung im Sammel=
lager vorausgesetzt —

am . . . .

aus der Haft zu entlassen. +)

Wir bitten, den Genannten bis auf weiteren Antrag in Haft zu
behalten. +)

Die Haft wurde angeordnet, weil

Untersuchung auf Haftfähigkeit ist bereits erfolgt. +)
Untersuchung auf Haftfähigkeit muß noch erfolgen. +)

        Kreisamt
        Polizeiamt
        Zentralpolizeistelle

An
    die Leitung des Konzentrations=
    lagers
        Osthofen
        Kreis Worms.

    Jn Abschrift
        a) dem Polizeiamt V o r m s übersandt
        b) dem Herrn Staatskommissar für das
           Polizeiwesen in Hessen, D a r m s t a d t
        vorgelegt.

+) Nichtzutreffendes durchstreichen.

A. zu Nr. M. d. J. 6007/33.   Muster 2.

<u>Wöchentliche Meldung über die Belegung</u>

<u>des Konzentrationslagers Osthofen nach dem Stand von</u>

<u>Montag, den . . . . 1933.</u>

Es befinden sich im Lager

aus dem Kreis . . . . Häftlinge

   "   "   "   . . . . "

   "   "   "   . . . . "

   "   "   "   . . . . "

   "   "   "   . . . . "

   "   "   "   . . . . "

   "   "   "   . . . . "

   "   "   "   . . . . "

   "   "   "   . . . . "

   "   "   "   . . . . "

   "   "   "   . . . . "

                               Zusammen: Häftlinge

Jn der abgelaufenen Woche betrug

der Zugang . . . . "

der Abgang . . . . "

mithin gegen die Vorwoche mehr   Häftlinge

     gegen die Vorwoche weniger   "

Polizeiamt Worms.

An
den Herrn Staatskommissar für
das Polizeiwesen in Hessen,
<u>D a r m s t a d t .</u>

1. zu Nr.M.d.J.6007/33.   Muster 3.

N a c h w e i s

des Polizeiamts Worms über Verpflegungskosten
des Konzentrationslagers O s t h o f e n
für den Monat . . . . 1933.

Ord.		Der Gefangenen			Tag		Verpflegt am:							
Nr.	Zuname	Name	Wohnort	des Ein= tritts	der Entlas= sung	1.	2.	3.	4.	5.	6.	bis 31.		
					1933.									
1	Rubinstein	Salomon	Worms	4.5.		—	—	—	c	1	1			
2	Grünebaum	Moses	Osthofen	5.5.		—	—	—	—	b	1			
				usw.										

Zusammen:

a) Ganztägige Verpflegung (1)   27   52

b) Nur Mittag- u. Abendkost   1

c) Nur Abendkost   1

d) Nur Morgenkost

Hiernach stehen zur Verfügung:

....Port.Verpflegung nach a) 1,10 RM =   RM

.... "   "   " b) 0,90 " =   "

.... "   "   " c) 0,40 " =   "

.... "   "   " d) 0,20 : = _____ "

                                    2684,50 RM

Kostennachweis:

Beleg 1 dem Metzgermeister Johann Winter, Osthofen   685,20 R.M.

   "   2   "   Gärtner Wilhelm Schneider, Worms   184,50 "

   "   3   "   Bäckermeister Georg Müller, Osthofen   370,80 "

                             usw.   _____

                                      2642,60 R.M.

Die Richtigkeit bescheinigt
Worms, den 31. Mai 1933
Polizeiamt Worms:

Polizeidirektor.

Der Staatskommissar   *Darmstadt, den 24. Juni 1933.*
für das Polizeiwesen in Hessen.

Zu Nr. M.d.J. 9534

Betreffend: *Die Einrichtung von Kommandos zur besonderen Verwendung*
           ("Sonderkommandos") als politische Hilfspolizei.

     I.1. Die an die Polizeiämter Darmstadt, Offenbach, Mainz, Worms
                            und 10./
         Gießen gerichteten Verfügungen vom 6. April 1933 (zu Nr.
         M.d.J.4632) betr. Abwehr des Treibens gegnerischer Spitzel
         und Provokateure in den Reihen der nationalen Verbände
         werden aufgehoben.

        2. Die auf Grund dieser Verfügungen getroffenen Maßnahmen
         bleiben nach Maßgabe der folgenden Bestimmungen aufrecht-
         erhalten.

    II.1. Bei den Staatspolizeistellen ("politischen Abteilungen")
         der Polizeidirektionen werden Kommandos zur besonderen
         Verwendung (Sonderkommandos) gebildet. Bei einer Staats=
         polizeistelle können mehrere Kommandos mit verschiedenen
         Standorten gebildet werden.

        2. Jedes Kommando besteht aus ausgewählten SS-Männern, deren
         Zahl auf Vorschlag des Polizeidirektors von mir festge=
         setzt wird, und aus einem geeigneten Polizeibeamten, der
         Mitglied der NSDAP. sein muß. Auf Antrag des Polizeidirek=
         tors kann die Zugehörigkeit mehrerer Polizeibeamter zum
         Kommando genehmigt werden. Ein Polizeibeamter hat ständig
         beim Kommando Dienst zu tun.
         Soweit bisher SA-Männer einem Kommando angehören, tritt
         darin keine Änderung ein.

        3. Die Namen der Mitglieder jedes Kommandos sind mir vor

An
  die Polizeidirektionen,   */der*
  die Kreisämter und
  das Staatspolizeiamt.

1061

Best ordnete am 24. Juni 1933 die Bildung von „Sonderkommandos der politischen Hilfspolizei" aus ausgewählten SS-Männern an.

- 2 -

der Einstellung zu melden. Hinsichtlich der Nichtbeamten
sind Strafregisterauszüge und ärztliche Zeugnisse über die
Polizeidienstfähigkeit vorzulegen.

4. Der Dienst im Kommando wird ehrenamtlich geleistet. Über
Aufwandsentschädigungen ergeht besondere Verfügung.

5. Die Führung aller Sonderkommandos liegt in meiner Hand. Auf
Vorschlag des Polizeidirektors ernenne ich für jedes Kommando
einen mir verantwortlichen Führer.

6. Den Einsatz des Kommandos bestimmt der Polizeidirektor oder
in seiner Vertretung der Leiter der Staatspolizeistelle. Der
Einsatz kann im gesamten Schutzgebiet der Polizeidirektion
erfolgen. Die Art und den Umfang polizeilicher Handlungen
bestimmt der dem Kommando angehörende Polizeibeamte, den die
übrigen Mitglieder als Hilfspolizei unterstützen.
Sind für Absperrungen, Umstellungen usw. größere Kräfte er=
forderlich, so sind die örtlichen SS.-Formationen als Hilfs=
polizei heranzuziehen.

7. Den Dienstplan des Kommandos bestimmt der Polizeidirektor.
Der Dienstplan ist mir mitzuteilen.

8. Alle Mitglieder des Kommandos tragen im Dienst den schwarzen
Stahlhelm, dessen Stirn mit einem auf die Spitze gestellten
weißen Hakenkreuz in der Größe 7 x 7 cm versehen ist.
Die Nichtbeamten tragen eine schwarze Armbinde mit roten
Randstreifen und der weißen Aufschrift

Hessische Hilfspolizei

Sonderkommando.

Die Armbinden sind bei mir anzufordern.
Die Nichtbeamten tragen Verbandsuniform und Polizeimantel.

./.

— 3 —

Über die Stellung von Kleidungsstücken ergeht besondere V. fügung.

9. *Die Kommandos werden mit Karabiner und Pistole ausgerüstet.*

Für jedes Kommando muß ein Einsatzwagen zur Verfügung stehen.

10. *Über den Ausschluß aus dem Kommando verfüge ich ohne Angabe von Gründen und ohne Fristen und Rechte für den Betroffenen. Ungehorsam gegen den Befehl eines Führers oder —während einer polizeilichen Handlung— gegen die Anweisung des dienst- tuenden Polizeibeamten sowie jedes Verhalten, das Mangel an soldatischer Haltung und innerem Anstand beweist, hat den sofortigen Ausschluß aus dem Kommando zur Folge.*

11. *Für den Schutzbezirk Darmstadt tritt das Hessische Staats= polizeiamt an die Stelle der Polizeidirektion Darmstadt.*

Unter seiner Verantwortung erfolgt in Hessen nicht nur die „Säuberung des Polizeiapparates" und die Aufstellung der „Hilfspolizei" aus SA, SS und Stahlhelm, sondern auch die generelle Durchführung der Maßnahmen auf Grund des Gesetzes zur Wiederherstellung des Berufsbeamtentums.

Im Zuge von Querelen innerhalb der hessischen Führung der NSDAP, der Staatsregierung und der Polizei, verläßt Best den hessischen Dienst. Durch seine Beziehungen zum Reichsführer SS Heinrich Himmler bekommt er Verbindung zum SD-Chef Heydrich, der ihn mit der Führung des SD-Oberabschnitts Südwest, Sitz in Stuttgart, beauftragt. Einige Zeit danach wird er auch zum Leiter des SD-Oberabschnitts Süd in München ernannt. Die Bewährung im Sicherheitsdienst ist die Voraussetzung, daß er dann in Berlin der Stellvertreter Heydrichs in dessen Eigenschaft als Chef der gesamten Politischen Polizei des Reichs wird und bis 1940 bleibt. Tausende und Abertausende von „Schutz- haft"-Befehlen zur Einweisung in die KZ in jenen Jahren tragen die Unterschrift des Dr. Werner Best.

Sein weiterer Weg: Kriegsverwaltungschef beim Militärbefehlshaber in Frankreich und anschließend Bevollmächtigter des Reiches in Dänemark, in beiden Eigenschaften u. a. auch mitverantwortlich für die Judendeportationen. 1948 wird der ,,alte Kämpfer" der NSDAP (Mitgl.-Nr. 341 338), SS-Brigadeführer (SS-Mitgl.-Nr. 23 377) und Ministerialdirektor Dr. Best in Kopenhagen zum Tode verurteilt, aber begnadigt und 1951 aus der Haft entlassen. Er übernimmt eine leitende Stellung als Wirtschaftsjurist beim Stinnes-Konzern in Mülheim (Ruhr). Im Jahre 1969 wird Best auf Grund eines vom Westberliner Untersuchungsrichter erlassenen Haftbefehls festgenommen. Er wird beschuldigt, als Amtschef im Reichssicherheitshauptamt die Einsatzgruppen und Einsatzkommandos für den Krieg gegen Polen zur Ermordung der polnischen Intelligenz organisiert und aufgestellt zu haben. Er soll dafür verantwortlich sein, daß von den ihm unterstellten Einheiten der Sicherheitspolizei mehr als 11 000 Polen ermordet wurden. Das Verfahren verläuft im Sande und Best wird wieder freigelassen. Als Bürger der Bundesrepublik ist er ein angesehener Mann...

Die faschistische „Machtergreifung" und das Entstehen des KZ Osthofen

Am 30. Januar 1933 wurde Adolf Hitler Reichskanzler. In den Mittagsstunden dieses Tages meldeten die Zeitungen:

„Der Herr Reichspräsident hat nach dem Rücktritt der Reichsregierung Herrn Adolf Hitler zum Reichskanzler ernannt. Auf Vorschlag des Reichskanzlers ernannte der Herr Reichspräsident

den Reichskanzler a. D. von Papen zum Stellvertreter des Reichskanzlers und zum Reichskommissar für das Land Preußen,

das M. d. R. den Staatsminister a. D. Dr. Frick zum Reichsminister des Innern,

das M. d. R. Geheimen Finanzrat Dr. Hugenberg zum Reichswirtschaftsminister und zum Reichsminister für Ernährung und Landwirtschaft,

Franz Seldte zum Reichsarbeitsminister,

Generalleutnant von Blomberg zum Reichswehrminister,

den Präsidenten des Reichstags Hermann Göring zum Reichsminister ohne Geschäftsbereich und zum Reichskommissar für den Luftverkehr.

Ferner bestätigte der Herr Reichspräsident auf Vorschlag des Reichskanzlers in ihren bisherigen Ämtern

den Reichsminister des Auswärtigen Freiherrn von Neurath,

den Reichsminister der Finanzen Graf Schwerin von Krosigk,

den Reichspost- und Reichsverkehrsminister Freiherrn von Eltz-Rübenach,

den Reichsminister der Justiz Dr. h. c. Gürtner."

Die Regierungserklärung vom 1. Februar 1933 hatte in ihrer scheinbar gemäßigten Aufmachung die Aufgabe, die Masse der Bevölkerung und vor allem das Ausland zu beeinflussen. Zwei Tage später sprach der neue Reichskanzler vor den Befehlshabern der Reichswehr. Und da hörte sich das dann anders an:

„Ziel der Gesamtpolitik allein: Wiedererringung der politischen Macht. ... Im Innern: Völlige Umkehrung der gegenwärtigen politischen Zustände in Deutschland. Keine Duldung der Betätigung irgendeiner Gesinnung, die dem

Ziel entgegensteht. Wer sich nicht bekehren läßt, muß gebeugt werden. Ausrottung des Marxismus mit Stumpf und Stiel. Todesstrafe für Landes- und Volksverrat. Straffste autoritäre Staatsführung. Beseitigung des Krebsschadens der Demokratie. Nach außen: Kampf gegen Versailles. Gleichberechtigung in Genf; aber zwecklos, wenn Volk nicht auf Wehrwillen eingestellt.. Aufbau der Wehrmacht: wichtigste Voraussetzung für Erreichung des Ziels ist die Wiedererringung der politischen Macht, allgemeine Wehrpflicht muß wiederkommen... Eroberung neuen Lebensraums im Osten und dessen rücksichtslose Germanisierung."

Die ,,Ausrottung des Marxismus mit Stumpf und Stiel", der verstärkte Kampf gegen die Arbeiterbewegung ließ dann auch nicht auf sich warten. Unmittelbar nach dem 30. Januar 1933 setzte eine sich ständig verstärkende Welle des Terrors, vor allem gegen die Arbeiterbewegung und auch sofort gegen die jüdische Bevölkerung ein. Der Reichstagsbrand als bewußte und wohl vorbereitete Provokation trieb den Terror auf einen Höhepunkt. Die am 28. Februar 1933 erlassene Notverordnung ,,Zum Schutze von Volk und Staat" setzte praktisch alle Rechte der Weimarer Verfassung außer Kraft. Über 10 000 Mitglieder und Funktionäre der Kommunistischen Partei und der Sozialdemokratischen Partei sowie oppositionelle bürgerliche Demokraten wurden verhaftet. Der Terror wütete in den Arbeitervierteln, die Opfer fanden sich in den lokalen Folterhöhlen der SA und SS, ohne jede Möglichkeit, rechtsstaatlichen Schutz anzurufen.

Im allgemeinen gilt diese Entwicklung natürlich auch für den Volksstaat Hessen. Im besonderen jedoch befand sich in Darmstadt noch die Hessische Landesregierung im Amt, während z.B. in Preußen die Polizeigewalt mit dem 30. Januar 1933 auf die Nationalsozialisten übergegangen war. Die hessische Polizei, die bereits unmittelbar nach dem 30. Januar politische Äußerungen gegen den neuen Reichskanzler verfolgt, Teilnehmer an kommunistischen Demonstrationen verhaftet und Haussuchungen bei Kommunisten durchgeführt hatte, bemühte sich ab dem 4. Februar die mit diesem Datum erlassene ,,Verordnung zum Schutze des deutschen Volkes" legalistisch treu durchzuführen. In dieser Verordnung heißt es u. a. ,,Öffentliche politische Versammlungen sowie Versammlungen und Aufzüge unter freiem Himmel können aufgelöst werden, 1. wenn in ihnen zum Ungehorsam gegen Gesetz oder rechtsgültige Verordnungen oder die innerhalb ihrer Zuständigkeit getroffene Anordnungen der verfassungsmäßigen Regierung oder der Behörden aufgefordert oder angeregt wird, oder 2. wenn in ihnen Organe, Einrichtungen, Behörden oder leitende Beamte des Staates beschimpft oder böswillig verächtlich gemacht werden."

Diese Verordnung räumte außerdem der Reichsregierung das Recht ein, über den Kopf der Länderregierungen hinweg einzugreifen. Die Nazis in

Darmstadt, den 4. April 1933.

_Zu Nr. M.d.J. 4184_

Betreffend: Eingriffe in das Brief-, Post-, Telegraphen- und Fernsprech= geheimnis.

Zur Abwehr marxistischer Bestrebungen werden Eingriffe in das Brief-, Post-, Telegraphen- und Fernsprechgeheimnis auf Grund des § 1 der Verordnung des Reichspräsidenten zum Schutze von Volk und Staat vom 28. Februar 1933 vielfach verfügt werden müssen. Ich weise Sie an, im Rahmen Ihrer Zuständigkeit hiervon gegebenenfalls rücksichtslos Gebrauch zu machen, jedoch die Grenzen zu beachten, die sich aus dem Zweck der Verordnung zum Schutze von Volk und Staat ergeben. Wenn die Maßnahme ihren Zweck erfüllen soll, muß sie in der Form einer vertraulichen Mitteilung an die zuständige Postanstalt erfolgen. Die Vertraulichkeit ist nicht gewahrt, wenn die Maßnahme durch ein Schreiben an die Postanstalt von Jena angeordnet wird, das durch viele Hände geht. Aus dem gleichen Grunde haben auch Mitteilungen über derartige Maßnahmen an mich oder die Zentralpolizeistelle künftig zu unterbleiben.

An
die Kreisämter,
die staatlichen Polizeiämter,
die Bürgermeistereien Alzey, Bingen und
Gonsenheim.

429.

11

Zur „Abwehr marxistischer Bestrebungen" ordnete Best am 4. April 1933 an, von Eingriffen in das Brief-, Post-, Telegrafen- und Fernsprechgeheimnis „gegebenenfalls rücksichtslos Gebrauch zu machen".

Reinheim,den 8.April 1933.

Betreffend.: Ein an den Philipp B o r g e r in Überau gerichteter Brief.

.n

H4ss.Kreisamt

D i e b u r g.

Die Station Reinheim übersendet in der Anlage einen an
den Philipp B o r g e r in Überau gerichteten Brief dessen Jnhalt
verdächtig erscheint,indem angenommen werden muss,dass das Geschri
Geschriebene auf etwas anderes Bezug hat.B.spielt in der K.P.D.in
Überau eine führende Rolle.

Kripperak
Gendarmeriemeister.

cisches Kreisamt
Dieburg

rnruf ... und 219
...sche... Pft.a.M.
reich... 14477
amr... 24671
...ass... 25234

Dieburg, den 11. April 1933.

effend: Postsperre gegen den Kommunisten Philipp Borger in Ueberau.
An
den Herrn Staatskommissar für Polizeiwesen
(Zentralpolizeistelle)
Darmstadt.

Unter Bezugnahme auf die heutige fernmündliche Rücksprache
übersenden wir Ihnen einen Gendarmeriebericht vom 8.April nebst
einen an Borger gerichteten Brief aus Griesheim b/Darmstadt von
Chr.Höll zur gefl.xxxxxxxx Prüfung und weiterer Veranlassung.Da
es sich offenbar um kommunistische Angelegenheiten handelt,wird
die sofortige Verhaftung der Beteiligten empfehlenswert sein.Wir
haben Borger einstweilen in Schutzhaft nehmen lassen und eine Haus.
suchung veranlasst.

Anl.2

Die Folgen solcher Eingriffe.

Der Staatskommissar
für das Polizeiwesen in Hessen.   _Darmstadt, den 6. Juli 1933._

_Zu Nr.M.d.J. 10210._

Betreffend: _Bekämpfung der illegalen Flugblattpropaganda._

     Zur Bekämpfung der verstärkt auftretenden illegalen Flugblattpropaganda wird angeordnet:

1. Wer im Besitz eines illegalen Flugblattes betroffen wird, ist bis auf weiteres in Polizeihaft zu nehmen. Bericht ist an mich zu erstatten.
     Wer Flugblätter einer Polizeibehörde oder ihren Beauftragten freiwillig abliefert, bleibt unbehelligt.

2. Werden in einem Bereiche (Stadt oder Kreis) illegale Flugblätter verbreitet, so sind sofort alle Führer der fraglichen Richtung (K.P.D. oder S.P.D.o.ä.) in diesem Bereich bis auf weiteres in verschärfte Polizeihaft (Arrestzelle, Arrestkost usw.) zu nehmen. Bericht ist an mich zu erstatten.

3. Die Polizeibeamten und die Sonderkommandos haben bei Streifen gegenüber Flugblattverteilern, die sich nicht auf den ersten Anruf stellen, sofort von der Waffe Gebrauch zu machen. Über Vorfälle ist mir zu berichten.

_An_
     die Polizeidirektionen,
     die Kreisämter,
     das Staatspolizeiamt.

1103.

Rigorose Anordnung des Hessischen Polizeikommissars Best zur „Bekämpfung der illegalen Flugblattpropaganda" vom 6. Juli 1933.

Hessen waren der Meinung, daß die noch amtierende Hessische Landesregierung nicht energisch genug durchgreife. Daraufhin schickte Reichsinnenminister Dr. Frick einen Beauftragten, Dr. Medicus, nach Darmstadt mit dem Auftrag, die Maßnahmen des Herrn Hessischen Innenministers zu überprüfen. Dieser erklärte, „die Hessische Regierung habe nichts zu verbergen. Es sei in Hessen ruhiger als in irgendeinem anderen deutschen Land, und die öffentliche Sicherheit und Ordnung nicht im geringsten gefährdet".

In der Zeit nach dem 30. Januar, insbesondere aber nach jener Verordnung vom 4. Februar und erst recht nach dem Reichstagsbrand und der danach erlassenen Verordnung zum Schutze von Volk und Staat tobte ein erbitterter Wahlkampf, der insbesondere den Kommunisten, aber auch bereits den Sozialdemokraten kaum mehr legale Möglichkeiten ließ. Hinzu kam ein immer mehr sich steigernder Terror der Nazis gegen die Organisationen der Arbeiterschaft. Außerdem standen die Massenmedien, vor allem der Rundfunk, nur noch der Reichsregierung und den sie tragenden Parteien (NSDAP und DNVP) zur Verfügung. Gleiche Möglichkeiten im Wahlkampf gab es nicht mehr.

Trotzdem brachte die Wahl am 5. März 1933 im Wahlkreis 33 (Hessen–Darmstadt) ein erstaunliches Ergebnis. Mit Ausnahme der Stadt Darmstadt selbst und zwei Orten in Oberhessen erreichte die NSDAP nirgendwo den Reichsdurchschnitt der abgegebenen Stimmen von 43,9 Prozent. Die NSDAP wurde in zahlreichen Gemeinden nicht nur auf den dritten und in Klein-Auheim, Klein-Krotzenburg und Dietesheim sogar auf den vierten Platz verwiesen. In neun Orten blieb sie unter 20 Prozent. In 14 Gemeinden ergab sich eine absolute Mehrheit der Linksparteien, in Dietzenbach, Dreieichenhain, Egelsbach, Mörfelden, Wieseck und Wixhausen sogar eine Zweidrittelmehrheit. In Mörfelden erhielt die KPD alleine 54,5 Prozent der Stimmen! Dazu muß noch weiter erwähnt werden, daß das katholische Zentrum in den Kreisen Bensheim, Dieburg, Heppenheim, Groß-Gerau, Offenbach sowie in der Provinz Rheinhessen in 16 Städten und Gemeinden z. T. weit über 40 Prozent der Wählerstimmen erreichte und in weiteren acht mehr als 30 Prozent. Warum sind diese Zahlen so interessant und aufschlußreich? Sie bringen zum Ausdruck, daß die katholischen Wähler eindeutig gegen die faschistische NSDAP stimmten (und ihren Reichstagsabgeordneten damit keine Vollmacht zur Zustimmung zum späteren Ermächtigungsgesetz gaben!) und daß der „Kampf gegen den Marxismus" keineswegs als entschieden gelten konnte. Diese Situation ist auch Ursache und Erklärung sowohl für die Maßnahmen des Reichsinnenministeriums gegen die Hessische Landesregierung wie auch für den nun einsetzenden ungehemmten Terror der „Sieger" gegen die Arbeiterschaft, von den Verhaftungen und Folterungen in Polizeistellen und SA-Kasernen bis hin zur Schaffung des KZ Osthofen.

Am 6. März 1933 erfolgte im Volksstaat Hessen in den späten Abendstunden die „Machtübernahme" durch die Nationalsozialisten. Nach einigem Hin und Her, auf das hier nicht näher eingegangen werden soll, gab die Hessische Landesregierung auf. Grundlage bildete ein Telegramm des Reichsinnenministers Dr. Frick an den Hessischen Staatspräsidenten Adelung:

„Infolge starker Gefährdung öffentlicher Sicherheit und Ordnung im Lande Hessen, die Ausbruch von Unruhen besorgen läßt, übernehme ich für Reichsregierung gemäß § 2 Verordnung zum Schutze von Volk und Staat Befugnisse oberster Landesbehörden, soweit zur Erhaltung öffentlicher Sicherheit und Ordnung notwendig, und übertrage Wahrnehmung dieser Befugnisse auf Regierungsrat Dr. Müller, Finanzamt Alsfeld. Ersuche, diesem sofort Geschäfte zu übergeben. Drahtnachricht von Übergabe erbeten. – Reichsminister Dr. Frick"

Bereits vor diesem Telegramm war ein geheimes Rundschreiben des Führers der SA-Brigade HD, Hauer, herausgegangen, von dem der SA-Führer Moos in seiner bereits mehrfach zitierten Geschichte der SA berichtet:

„An alle Standarten!

1. Alle Standarten sind sofort in erhöhte Alarmbereitschaft zu versetzen.

2. Geeignete Männer und Führer (zuverlässig, Kenntnis der Schußwaffen) sind zur Verwendung als Hifspolizei bereitzuhalten. ...

3. Einsetzung eines Reichskommissars steht für diese Nacht bevor.

4. Dieser Befehl ist streng geheimzuhalten und nach Kenntnis zu vernichten.

gez. Hauer, Brigadeführer"

Diese beiden Dokumente bildeten formal die Voraussetzungen dafür, daß nun die offiziellen Maßnahmen ohne jeden Widerstand vor sich gingen. In Darmstadt, am Sitz der Landesregierung, war die Aktion des Reichskommissars Dr. Müller in kürzester Zeit durchgeführt. Die zahlreichen Schupobeamten im Ministerium des Innern und in anderen Gebäuden, übergaben ohne Widerstand ihre Waffen der SA. In einer Bekanntmachung an die hessische Bevölkerung teilte Dr. Müller mit, daß er den nationalsozialistischen Landtagsabgeordneten Dr. Werner Best – also eben jenen Verfasser der Boxheimer Dokumente! – zum „Sonderkommissar für das hessische Polizeiwesen" eingesetzt habe. Außerdem machte Müller Mitteilung davon, daß Hilfspolizei geschaffen werden solle, und zwar aus Männern der hinter der Reichsregierung stehenden Verbände.

Im Land Hessen begann nun, genau wie im ganzen Reich, die „Ausrottung des Marxismus mit Stumpf und Stiel". Desgleichen folgten die ersten Maßnahmen gegen jüdische Bürger. Eine kaum vorstellbare Verfolgung von Angehörigen der Arbeiterparteien und Mitgliedern der sonstigen Arbeiterorganisationen begann. Zahlreichen Verhaftungen folgten in den meisten Gemeinden brutalste Mißhandlungen. Weitgehend waren sie „Quittungen" für den enttäuschenden Wahlausgang im hessischen Gebiet, begleitet von der

Befriedigung persönlicher Rachegefühle und von „Abrechnungen" nicht immer nur politischen Ursprungs. Die Polizeireviere, die Polizeipräsidien, die SA-Kasernen füllten sich mit Verhafteten. Als in Darmstadt, Mainz und Groß-Gerau, besonders aber in Worms, kaum mehr Platz für die Unterbringung von weiteren Häftlingen vorhanden war, begannen die Transporte nach Osthofen, einem kleinen Ort bei Worms, dessen Namen dann in Verbindung mit dem Begriff KZ Osthofen in die Geschichte des braunen Unrechtsstaates eingehen sollte.

Das KZ Osthofen

In seiner Darstellung „Häftlinge unter SS-Herrschaft" sagt Falk Pingel in dem Abschnitt über die Gründung der ersten KZ:
„Typologisch lassen sich drei Formen der frühen Haftstätten unterscheiden:
1. Die wilden Lager, die ohne Verbindung mit regionalen Polizei- oder Innenbehörden von SA oder SS gegründet wurden,
2. staatliche Polizei- oder Justizgefängnisse, die in vorhandenen Räumlichkeiten Schutzhaftgefangene aufnahmen und diese von eigenen Kräften bewachen ließen,
3. die staatlichen Konzentrationslager, die der politischen Polizei des jeweiligen Landes unterstellt waren."
Die Häftlinge des KZ Osthofen durchliefen zweifellos alle zunächst die Stationen der Kategorien 1 und 2, sei es in Darmstadt, Groß-Gerau, Mainz, Worms, u.a. Aus dem gesamten späteren „Einzugsgebiet" für das Lager spielten besonders zu Beginn Worms und Darmstadt eine bemerkenswerte Rolle. Nach den Verhaftungen in ihren Heimatorten kamen die Opfer des faschistischen Terrors in Worms vor allem in die Keller des „Braunen Hauses" in der Mainzer Straße, in Keller und freistehende Räume des Polizeipräsidiums in der Ehrenburger Straße sowie in die Kellerräume des Städt. Cornelaniums der Stadt Worms. In Darmstadt wurden die Häftlinge in einem Felsenkeller einer Brauerei in der Dieburger Straße sowie in das Militärgefängnis in der Riedeselstraße (heute Studentenwohnheim) eingewiesen. Hier konnten SA- und SS-Leute nach Herzenslust ihre Brutalitäten austoben. Nach fürchterlichen Mißhandlungen erfolgte dann nach kurzer oder längerer Zeit der Abtransport nach Osthofen.
Das Lager befand sich in einer alten ehemaligen Papierfabrik an der Bahnstrecke von Mainz nach Worms, nahe bei Worms. Angeblich soll der Jude Ludwig Ebert bereits vor 1933 die ihm gehörende Fabrik verkauft haben und emigriert sein.

Gebäude des ehemaligen Konzentrationslagers Osthofen. Vorher befand sich hier die Papierfabrik Ludwig Ebert und Sohn.

P r o t o k o l l

Anlage zu :
Ausgefertigt am :

Osthofen   Betriebskartei 13

Betr.: Papierwerk Osthofen, Ludwig Ebert u. Sohn

1.) keine Heeresslieferungen

2.) Papierwerk Ludwig Ebert & Sohn Osthofen

3.) kein Werkschutz

4.) -

5.) -

6.) Betriebsführer Ludwig Ebert (Jude)

Kein Betrieb im Sinne der 4 Klassen

des

Name: Ebert

Vorname: Ludwig

geboren: 22.6.1867

in: Wirth Bayan

Konfession: Jude

verheiratet: ja

Kinder: 4

früher
Wohnort: Osthofen   Beruf: Kaufmann
jetzt Worms

Wohnung: Kriemhildenstrasse 20

Vorstrafen: unbekannt

Kennzeichnung:
(persönlich und politisch)
soweit nicht im Haupt-
bericht enthalten.

Der Jude Ebert verstand es als er noch in Osthofen wohnte sich durch
geldliche Unterstützung ärmerer Leute Sympathien zu verschaffen.
politisch Angehöriger der Deutschen Volkspartei hat er aber auch die
Linksparteien unterstützt, 1933 war er vorübergehend im Konzentrationslager Osthofen inhaftiert.

Aus der Gestapoakte über den einstigen Besitzer der Papierfabrik Osthofen, Ludwig Ebert.

Das dürfte jedoch nicht stimmen, da sich im Hessischen Staatsarchiv Darmstadt ein Dokument der Gestapo befindet, aus dem hervorgeht, daß Ebert im Jahre 1937 noch, im Alter von 70 Jahren, in Worms, Kriemhildenstr. 20, wohnte. Es heißt darin u. a.: „Der Jude Ebert verstand es, als er noch in Osthofen wohnte, sich durch geldliche Unterstützung ärmerer Leute Sympathien zu verschaffen. Politisch Angehöriger der Deutschen Volkspartei, hat er aber auch die Linksparteien unterstützt. 1933 war er vorübergehend im Konzentrationslager Osthofen inhaftiert." Wie das Anwesen Papierfabrik in den Besitz des Staates gekommen ist und auch, was aus Ebert nach 1937 geworden ist, ist wohl nicht mehr zu klären.

Das Gelände des ehemaligen Lagers mit seinen Gebäuden existiert heute noch. In einem Gebäude, in dem 1933 bis zu 300 Häftlinge untergebracht waren, befindet sich heute ein Weinlager. Vorübergehend ist dort auch eine Möbelfabrik gewesen. In anderen Gebäuden, die damals SA und SS als Kasernen und Verwaltungsräume dienten, sind heute Wohnungen. Der Besitzer des Geländes, der es in den sechziger Jahren von der Gemeinde Osthofen kaufte und ebenfalls dort mit seiner Familie wohnt, wurde beim Kauf nicht davon unterrichtet, daß es dort einmal ein KZ gegeben hat. Erst nachdem sich die Lagergemeinschaft Osthofen im Jahre 1972 gebildet hatte und ihn einige ehemalige Häftlinge aufsuchten, erfuhr er von dieser Tatsache.

Zu den vielen Dingen, die im Zusammenhang mit dem KZ entweder in Vergessenheit geraten sind oder an die man sich auch nicht mehr erinnern will, gehört merkwürdigerweise die Zeitspanne der Existenz des Lagers. Ältere Einwohner von Osthofen und aus der Umgebung geben unterschiedliche Auskunft. Im „Vorläufigen Verzeichnis der Haftstätten unter dem Reichsführer SS 1933–1945", herausgegeben vom Internationalen Suchdienst Arolsen 1969, ist zu finden: erste Erwähnung 15. 4. 1933, letzte Erwähnung 3. 8. 1933. Auch das Bundesgesetzblatt vom 16. 1. 1970 (1) gibt an, das Lager habe vom 15. 4. 1933 bis 3. 8. 1933 bestanden. Beide Angaben sind eindeutig falsch. So ist in dem Oppenheimer Kreisblatt „Landskrone" mit den parteiamtlichen Bekanntmachungen der NSDAP am 3. Februar 1934 von der Einweisung eines Schreiners aus Erbes-Büdesheim in das KZ Osthofen zu lesen und am 5. März 1934 von der Überführung eines Arztes aus Osthofen in das Lager. Zahlreiche Aussagen von ehemaligen Häftlingen belegen, daß das Konzentrationslager von etwa Mitte März 1933 bis wenigstens April 1934 bestanden haben muß. Die endgültige Auflösung des Lagers dürfte sogar erst um die Jahreswende 1934/35 erfolgt sein.

So sagte Valentin Kilian aus Bürstadt, aktives Mitglied der Eisernen Front und als solches in Bürstadt den Nazis bekannt, daß er am 6. März 1933, also einen Tag nach der Reichstagswahl, aus seiner Wohnung abgeholt worden sei. Nach einem kurzen Verhör im Rathaus von Bürstadt brachte man ihn in das

Braune Haus Worms. Am 8. März 1933 wurde er dann von SS mit noch einigen Häftlingen nach Osthofen gebracht. Unter strengster Aufsicht mußten sie die stillgelegte Papierfabrik reinigen. Die Karabiner im Anschlag standen SA- und SS-Männer hinter den Häftlingen, damit die Arbeit voran ging und keine Gespräche geführt werden konnten. Ab 13. März seien dann die Transporte von Häftlingen teils mit Lastwagen oder Mannschaftswagen der Polizei gekommen, teils aber auch zu Fuß mit starker Bewachung von Polizei, Hilfspolizei oder SS. Mit geringfügigen Strohlagen auf dem Betonboden verbrachten die Ankömmlinge teils liegend, teils sitzend die Nächte. Die Kälte kam aus allen Ecken, es war ja immerhin noch März und es gab keinerlei Heizung in den ehemaligen Fabrikräumen. Soweit Valentin Kilian.

Ein anderer ehemaliger Häftling, der in Pfungstadt zuhause ist, berichtet, daß er am 9. oder 10. März mit etwa 10 anderen Pfungstädter Kommunisten verhaftet worden sei. ,,Nach ein paar Tagen, am Montag oder Dienstag, sind wir nach Osthofen ins KZ gebracht worden. Als wir dort angekommen sind, haben wir in Räumen schlafen müssen, in denen nur Stroh lag, auf dem wir schlafen mußten." Dieser Bericht deckt sich mit dem von Valentin Kilian. An anderer Stelle berichtet der Mann aus Pfungstadt: ,,Als ich zum ersten Mal Mitte März 1933 nach Osthofen in das KZ gekommen bin, waren schon ca. 60 bis 70 Sozialdemokraten und Kommunisten da, hauptsächlich aber Kommunisten. Zu der Zeit waren aus Darmstadt auch ein Weiß und ein anderer da, an dessen Namen ich mich aber nicht erinnern kann."

In dem Buch ,,Die Stadtfarbe ist rot!" (Paragraph 8 der Mörfelder Stadtsatzung), Berichte aus der Arbeiter- und Sportgeschichte Mörfeldens (1976), findet sich über das KZ Osthofen der Bericht ,,Das war Osthofen":

,,Das rheinhessische Osthofen wird für viele Verfolgte des Naziregimes zur ersten Station auf dem langen Leidensweg. In der Presse des Jahres 1933 wird zynisch von der ,Erziehungs- und Besserungsanstalt Osthofen' gesprochen. Und im Untertitel einer Reportage in jenen Tagen lesen wir: ,Im Konzentrationslager Osthofen werden verwilderte Marxisten zu anständigen Menschen erzogen.' Fast alle Mörfelder Kommunisten wurden damals dort eingeliefert. Die damaligen Insassen erzählten: ,Das Lager war einst eine jüdische Papierfabrik. Einige Schutzhäftlinge wurden unter Aufsicht von SA- und SS-Bewachern nach Osthofen gebracht und mußten in der Fabrik ein Lager für die im Hessenland verhafteten Kommunisten, Sozialdemokraten, Reichsbannerleute, Männer der Eisernen Front und der Antifaschistischen Aktion, herrichten. All das ging unter den schlimmsten Bewachungsvorschriften zu, so durfte weder gesprochen noch durch sonst eine Verständigung untereinander verkehrt werden. Der geringste Verstoß wurde mit Strafe durch Schläge oder Essensentzug geahndet. Die Bewacher selbst ließen jegliche menschliche Regungen missen. Sie fühlten sich als die Herrenschicht gegenüber ihren

Kommunisten aus Worms auf dem Marsch ins Konzentrationslager Osthofen. Sie wurden bewacht von Polizei und „Hilfspolizei".

Den Abschluß der Kolonne bildete das „Sonderkommando Worms" auf dem Polizei-Pritschenwagen.

Anvertrauten. Nachdem das Lager notdürftig hergerichtet war, wurden aus den verschiedenen SA- und SS-Kellern die Häftlinge hierher gebracht. Für die Unterbringung dienten Betonbauten. In diese Räume wurde etwas Stroh geworfen und hier mußten die Ankömmlinge teils liegend, teils sitzend sich aufhalten. Dann wurde aus der gegenüberliegenden Mühle das Holz entfernt und Holzgestelle zum Schlafen hergerichtet. Andere Kommandos fuhren nach Worms und mußten das Braune Haus der NSDAP herrichten, mußten die Kellerböden und Wände vom Blute ihrer Kameraden reinigen. Dasselbe wurde im Polizeipräsidium und in dem städtischen Cornelanium gemacht, wo ebenfalls die SA und SS mit den Gefangenen ihr bestialisches Spiel trieb.

Die Betonbauten waren in den kalten Märztagen weder geheizt noch hatten die Schutzhäftlinge genügend warme Bekleidung, da sie ohne jegliche Ankündigung von zu Hause geholt wurden. Viele hatten einen guten Anzug an, den sie hier im Lager nicht tauschen konnten, und mußten in ihrer besten Kleidung die ihnen zugedachte Arbeit verrichten. Eine jener demütigenden Arbeiten war das Latrinenreinigen. Wie da Mensch und Kleidung aussahen, ist unbeschreiblich; oft wurden die armen Menschen noch von den Bewachern in den Kot gestoßen, um dann die Reinigiung der Kleider zu befehlen. Die Häftlinge mußten dann bei stärkster Kälte die nassen Kleider wieder anziehen. Bei solchen und ähnlichen Vorkommen, die alltäglich waren, blieb es nicht aus, daß schwere Erkrankungen die Folge waren. Ein SS-Arzt war für die Schutzhäftlinge zuständig. Trat er in Aktion, kam in den meisten Fällen verschärfte Haft, in leichteren verschärfter Arrest heraus.

Verschärfte Haft bedeutete, in das verschärfte Lager zu kommen, was auf der anderen Seite des Stammlagers lag, in der ehemaligen Mühle. Was sich hier bot, war Sadismus in Reinkultur. In erster Linie waren hier die SS-Leute zuständig. Jeder SS-Mann konnte hier seine eigene Brutalität wirksam werden lassen. Dieses Lager wurde später in das Gefängnis innerhalb von Osthofen verlegt. Die Insassen des verschärften Lagers waren bekannte Funktionäre, die im Kampf gegen den Nazismus standen und in der Zeit der Machtübernahme durch die Nazis sich weiter im Sinne des Antifaschismus betätigten."

In der Mörfeldener Broschüre werden dann noch zwei Zuschriften des Sozialdemokraten Christoph Weitz aus Bürstadt und des Kommunisten Karl Schreiber aus Bickenbach veröffentlicht.

Weitz schreibt: „Im Monat Juni wurde der frühere Reichstagsabgeordnete der SPD Carlo Mierendorff nachts beim Schlaf von dem SA-Mob überfallen und geschlagen. Dieser Überfall wurde den kommunistischen Inhaftierten unterschoben, dies war aber eine Lüge. Mir persönlich sagte Carlo Mierendorff, daß der Überfall von der SA gemacht wurde." Karl Schreiber, der ausschließlich im Lager II war, berichtet: „Der Speisezettel für die Häftlinge sah in der Woche folgendermaßen aus:

Der Landes-Polizeipräsident
und Leiter der Abt. Ia (Polizei)
des Hessischen Staatsministeriums.

Gesch.Nr. 12288.

Betreffend: Verschärfte Polizeihaft.

Darmstadt, den 7. August 1933.

Die Anordnung der verschärften Polizeihaft sowohl im Sinne meines Ausschreibens vom 6. Juli 1933 (zu Nr.M.d.J. 10200) wie auch in anderen Anwendungsfällen behalte ich mir vor.

Anträge auf Anordnung der verschärften Polizeihaft sind mit eingehender Begründung und mit den vorliegenden Beweisen an mich zu richten.

An
die Polizeidirektionen und Kreisämter,
das Staatspolizeiamt,
die Leitung des Konzentrationslagers Osthofen.

1402.

Der Landespolizeipräsident Best war zuständig für die „verschärfte Polizeihaft".

Montag: ein halber Liter Wasserbrühe (sprich Kaffee) und etwa 150 Gramm Kommißbrot

Dienstag: ein halber Liter Wassersuppe mit einigen Haferflocken, ohne jede Würzung

Mittwoch: Wasserbrühe wie Montag

Donnerstag: ein halber Liter Wassersuppe mit Nudeln, die man suchen mußte, ohne Salz

Freitag: wie Montag

Samstag: ein halber Liter Graupensuppe (Wassersuppe mit einigen Graupen ohne Salz)

Sonntag: ein halber Liter Wasserkaffee mit 150 Gramm Kommißbrot und mittags eine Kelle Kartoffeln mit etwas Soße.

Seife zum Waschen bekamen die Schutzhäftlinge nicht. Wenn sie entlassen wurden und ins Stammlager kamen, sahen sie schlimmer aus als ein ‚Penner‘, der schon wochenlang keine Waschgelegenheit hatte, kurz gesagt, er war ein stinkendes Lebewesen. All dies nannten die Nazis ‚Umerziehungslager‘. Ich selbst, der ich nur im verschärften Lager war, kam mit 132 Pfund ins Lager und verließ es nach sechs Monaten mit 96 Pfund. Ich könnte noch viel schreiben, glaube aber, daß dieser Bericht genügt, um zu erfahren, was das Lager Osthofen war. Ein großer Teil der Insassen des Lagers Osthofen fand sich in späteren Zeiten wieder als Angeklagte in Hochverratsprozessen, in denen sie mutig ihren Mann standen; im Kampf gegen Hitler und den deutschen Faschismus. Für viele war Osthofen der Anfang eines langen Weges bis Auschwitz, Treblinka oder Majdanek, nach Buchenwald, Esterwegen oder Dachau, oder wie die Lager alle hießen, um oft an diesen Stätten endgültig liquidiert zu werden. Doch alle, die das Dritte Reich überlebten, sind heute bereit, der Jugend zu helfen, daß nie mehr Faschismus in der Bundesrepublik Deutschland an die Macht kommt und Krieg und Vernichtung bringt."

Diese Auszüge aus der Mörfelder Chronik sollten auch deswegen hier zitiert werden, weil die Nazis die Arbeiterschaft Mörfeldens besonders haßten. Noch bei der Reichstagswahl am 5. März 1933 erhielten die KPD 54,5 Prozent und die SPD 19,1 Prozent der Mörfeldener Wählerstimmen.

Adam Denger, langjähriger DGB-Ortskartellvorsitzender von Mörfelden, erzählt in einem Bericht u. a.: „Dadurch, daß die Nazis jahrelang nicht nach Mörfelden hineinkommen konnten, hausten sie dann wie die Vandalen."

Und DKP-Stadtverordneter Michael Denk, ehemaliger Häftling in Osthofen, berichtet: „Bei der Einlieferung in Osthofen wurden die Mörfeldener Häftlinge von SA-Obersturmbannführer Engeroff abgeliefert mit den Worten ‚Das sind die Mörfeldener Kommunisten – was mit ihnen zu geschehen hat, ist klar.‘"

Übrigens berichten die ehemaligen Häftlinge Karl Schreiber aus Bickenbach und Walter Deeg aus Gießen, daß im September 1933, als in Mörfelden die Frauen von Osthofener Häftlingen für die Freilassung ihrer Männer demonstrierten, etwa 50 dieser Häftlinge aus dem Lager I in das Lager II (verschärfte Haft) verlegt worden seien.

Während in den ersten Wochen und Monaten die eingelieferten Häftlinge überwiegend aus der Provinz Starkenburg und der Provinz Rheinhessen kamen, wurden bald auch in immer stärkerem Maße Häftlinge aus der Provinz Oberhessen nach Osthofen gebracht. Auch aus Frankfurt am Main, das ja zur Provinz Hessen-Nassau des preußischen Staatsgebietes gehörte, erfolgten Einlieferungen in das hessische KZ Osthofen. Dabei handelte es sich wohl in erster Linie um solche Gegner des NS-Regimes, die ihrer Herkunft nach aus dem hessischen Raum stammten oder im Volksstaat Hessen sich antifaschistisch engagierten und dadurch im Frankfurter Gebiet verhaftet worden waren. Außerdem dürfte es sich um Fälle gehandelt haben, wo die verhafteten Arbeiter und Antifaschisten zunächst in den Frankfurter SA-eigenen lokalen KZ – Perlenfabrik Ginnheimer Landstraße, in der Mörfelder Landstraße 166, in der Taubstummenanstalt Gabelsbergerstraße, in der ehemaligen Freimaurerloge Mozartplatz und in der ehemaligen Klingerschule – geschlagen und gefoltert wurden. Waren sie dann in einem solchen Zustand, daß man nicht mehr wagte, sie freizulassen oder den Gerichten zu übergeben, wurden sie den Spießgesellen von der hessischen SA überstellt, die sie nach Osthofen brachten. So wird z. B. von dem Frankfurter Kommunisten Wilhelm Höhn berichtet, daß er von der SA tagelang bis zum Bauch in kaltes Wasser gestellt wurde, bevor er in das KZ Osthofen kam.

Für Häftlinge aus dem Oberhessischen sei hier auszugsweise aus einem Brief zitiert, den Walter Deeg im Jahre 1977 geschrieben hat:

,,Ich war im Juli/August 1933 mit etwa 20 Gießener Antifaschisten – Gewerkschaftern, Sozialdemokraten, Kommunisten und Juden – dort. Mein Bruder war im Juni und mein Vater im September im gleichen Lager. Im Durchschnitt blieben die Häftlinge vier bis acht Wochen, manche auch länger, inhaftiert. Insgesamt waren zu meiner Zeit etwa 300 Häftlinge dort. Ich lag im größten Raum mit ca. 80 Antifaschisten, die anderen waren teilweise in Pferdeställen untergebracht.

In einem dieser Pferdeställe lag auch der frühere Pressechef der Hessischen Landesregierung und SPD-Reichstagsabgeordnete, Dr. Carlo Mierendorff. Er wurde eines Nachts von der SA schwer geschlagen und mißhandelt. Am darauffolgenden Tag lag er auf dem Dachboden – die Nazis nannten es ,Krankenstation' –. Hier standen vier Pritschen. Nebenan war ein kleiner Raum – die Nazis nannten ihn ,Sanitätsraum' –. Ich mußte wegen einer Gelenkprel-

Heſſiſches Konzentrationslager

Oſthofen a. Rh., den ___17. Juni 1933___

An das
Hess. Kreisamt

B e n s h e i m .

56186   19 JUN 1933

Betr.: Ihr Schreiben vom 12. Juni 1933 an das Polizeiamt Worms a.Rh

In Erledigung Ihres Schreibens vom 12. ds.Mts. teilen wir Ihnen mit
dass sich aus dem Kreis Bensheim noch nachstehende Personen in Schu
haft befinden:

Wilhelm Andel	Biblis	eingeliefert am:	14. 6.33
Heinrich Bischer	Bürstadt	" "	3. 6.33
Franz Büttner	Bensheim	" "	24. 5.33
Adam Huck	Seeheim	" "	14. 6.33
Jakob Held	Bürstadt	" "	3. 6.33
Fritz Herle	Bürstadt	" "	12. 6.33
Peter Ohl	Lampertheim	" "	1o. 6.33
Franz Rettig	Bensheim	" "	14. 6.33
Philipp Rettig	Bensheim	" "	2. 6.33

Konzentrationslager Osthofen

i.A.

**Mitteilung über „Schutzhäftlinge" aus dem Kreis Bensheim im KZ
Osthofen.**

lung den SS-‚Sanitäter‘ in Anspruch nehmen. Bei dieser Gelegenheit sah ich Mierendorff auf der Pritsche liegen. Die SS setzte das Gerücht in Umlauf, die Kommunisten hätten Mierendorff mißhandelt. Daran war natürlich kein Wort wahr, es war eine gemeine Lüge der SS. Es gibt heute noch Sozialdemokraten, die das bestätigen können!

Die Gefangenen aus den hessischen Städten und Gemeinden wurden in der Regel über Worms in die SA-Kaserne transportiert, dort schwer mißhandelt und dann ins Lager gebracht. Ich kann mich noch an einen Transport von Häftlingen aus Mainz erinnern, die schwer mißhandelt ins Lager eingeliefert wurden.

Besonderen Haß hatte die Lager-SS in Osthofen gegen zwei Juden aus Mainz (Gebrüder Friedmann), die fast jeden Tag geschlagen und mißhandelt wurden. Beide lagen im großen Schlaf- und Aufenthaltsraum neben mir. Bevor sie von den Mißhandlungen zurückkamen, lockerten wir ihre Strohsäcke auf, damit sie besser liegen konnten. – Ein jüdischer Arzt mußte die Jauchegrube ausschöpfen. Da die SS es so eingerichtet hatte, daß die Jauche immer wieder zurückfloß, wurde er nie fertig.

In der Nähe des Lagers war eine alte Mühle. Dort wurden die Häftlinge in Käfige eingesperrt und die ‚Sonderbehandlung‘ durch die SS durchgeführt. Ein Kamerad von uns (Hans Emmerich aus Gießen) hat diese ‚Sonderbehandlung‘ durchgestanden.‘‘

Soweit der Bericht von Walter Deeg. Da von ihm kurz über die ‚‚Krankenstation‘‘ und den ‚‚Sanitätsraum‘‘ berichtet worden ist, soll noch einmal Karl Schreiber aus einer Darstellung zu Wort kommen:

‚‚Bei der Aufnahme ging es nicht nur militärisch her, es wurden auch alle möglichen Schikanen ausgedacht, um dem Ankömmling zu sagen, du bist hier ein Nichts. Bezeichnend hierfür war die Aufnahme beim Lagerarzt. Leider sind keine Personalbogen mehr vorhanden. Aus einem einzelnen, der in Fotokopie im Besitz der Lagergemeinschaft ist, geht allerdings der Name des Lagerarztes hervor.

Dieser Arzt als SS-Sturmbannarzt II/33 stellte bei jedem Zugang fest, ‚Der Inhaftierte ist gesund und haftfähig‘ und bei der Entlassung ‚Der Inhaftierte ist gesund und arbeitsfähig‘. Hierzu ist zu sagen, daß dieser Arzt die ankommenden Häftlinge sah, ihre geschundenen Körper, ihre Wunden, er sah die Menschen, die sich oft nur mühsam aufrecht halten konnten, und stellte mit menschenverachtendem Sadismus fest: ‚Der Inhaftierte ist gesund und haftfähig‘.‘‘

Walter Deeg hat von den jüdischen Mithäftlingen berichtet. Da wiederholt der Versuch gemacht wurde, die brutale Judenverfolgung erst mit der sogenannten ‚‚Reichskristallnacht‘‘ beginnen zu lassen, ist am Beispiel Osthofen darauf hinzuweisen, daß hier bereits alles vorgezeichnet gewesen ist und begonnen hat. Auch andere ehemalige Häftlinge wissen ähnliches zu erzählen.

Hans Fillsack aus Darmstadt, der als Häftling in Osthofen war, berichtet: „Es ist hier um eine Schikane gegangen, die sie mit den Juden gemacht haben. Ich habe so manchen gesehen, dem die Tränen in den Augen standen. Und wir standen dabei und konnten nichts unternehmen. Wir waren wutentbrannt über die Schikanen, die dort gemacht worden sind. Juden aus Mainz und Worms waren auf alle Fälle dabei, vielleicht auch welche aus Darmstadt."

Daß auch Juden aus Darmstadt im KZ Osthofen gewesen sind, berichtet der Darmstädter Haas:

„Nach Osthofen in das KZ sind auch Darmstädter Juden gekommen und sehr viele Kommunisten. Aus Darmstadt war z.B. der jüdische Arzt Dr. Berger, der seine Praxis in der unteren Wilhelminenstraße hatte, dorthin gebracht worden."

Und ein anderer ehemaliger Häftling aus Osthofen schreibt u.a.: „Ich kann mich daran erinnern, daß es dort einen Misthaufen und nebendran eine Jauchegrube gab. In die Jauchegrube wurde eine Leiter hereingestellt und dann mußten sie (die Juden) mit Konservenbüchsen die Jauchegrube leeren. Das war eine ganze Reihe von Leuten, die jeweils in die Jauchegrube mußten, die Leiter raufklettern und dann den Inhalt auf den Misthaufen schütten mußten. Das ging so stundenlang, aber die Jauchegrube war nie leer, da die Jauche von dem Misthaufen immer wieder in die Grube zurückgelaufen ist."

Und an anderer Stelle wird berichtet, man habe „extra für die Juden eine Arena, die mit Stacheldraht umzäunt war, gebaut. In dieser Arena mußten die jüdischen KZ-Häftlinge den ganzen Tag im Kreis laufen. Etliche von ihnen sind dabei wahnsinnig geworden."

Existenz und Praxis des KZ Osthofen sollten einen Abschreckungseffekt erzielen. Die Wirkung sollte sich zunächst gegen die Inhaftierten selbst richten. Das Erlebte sollte so stark wirken, daß die Menschen in ihrer Erinnerung an die Schrecken nach ihrer Entlassung nicht mehr wagen würden, sich noch einmal gegen den faschistischen Staat und seine Institutionen zu wenden. Diese Rechnung der Faschisten erwies sich jedoch weitgehend als falsch. Eine sehr große Zahl der politischen Häftlinge wurde durch die Erfahrungen in den verschiedenen Folterhöhlen der SA und der SS sowie im KZ Osthofen in der Erkenntnis über das Wesen des Faschismus bestätigt. Das führte dann dazu, daß diese Antifaschisten sich nach ihrer Entlassung erneut in den antifaschistischen Widerstand einreihten.

Darüber hinaus sollte die Existenz des Lagers Osthofen aber auch in der gesamten Bevölkerung des Landes Hessen, wo man sich – siehe wiederum

Knüppel bekommen nach schönster Manier. Die diensthabenden SS-Leute würden die Häftlinge beschimpfen, herumstoßen und treten, am schlimmsten seien die Offenbacher SS-Leute. Man meine, man sei ein Sklave oder ein Stück Vieh, und ähnliches."

Um den allgemeinen Abschreckungseffekt (ohne Kenntnis der schrecklichen Einzelheiten) in der Bevölkerung zu erzielen, wurden systematisch an alle immer mehr gleichgeschalteten Presseorgane – und natürlich an die Partei-presse der NSDAP – in regelmäßigen Zeitabständen über die Pressestellen der Regierung und der Parteiorganisationen Meldungen über Verhaftungen und Verbringung in das KZ Osthofen gegeben.

auch das Ergebnis der Reichstagswahl – der faschistischen NSDAP gegenüber so widerspenstig verhalten hatte, eine abschreckende Wirkung hervorrufen. Soweit dies in allgemeiner und mehr oder weniger unbestimmter Art vor sich ging, war es den Machthabern recht. Das war dann so ähnlich, wie es in Bayern im Hinblick auf das KZ Dachau in dem Sprichwort zum Ausdruck kam „Lieber Gott, mach mich stumm, daß ich nicht nach Dachau kumm!"

Handelte es sich jedoch um konkrete Schilderungen, und dabei noch von einem ehemaligen Häftling, dann wurde wieder brutal zugeschlagen. So wurde im Juli 1933 in Darmstadt ein Dachdecker vor dem Sondergericht angeklagt. Er hatte im Kreis von Sportkameraden erzählt, „im Lager Osthofen habe er seine

Andererseits bemühte man sich darum, natürlich sowohl für die eigene Bevölkerung als auch für das Ausland bestimmt, einen seriösen Eindruck über das KZ Osthofen zu erzielen. So erschienen bereits am 6. Mai 1933 in den meisten hessischen Zeitungen Berichte über eine Besichtigung bzw. einen Pressebesuch im Lager. Da hieß es im „Gießener Anzeiger" vom 6. Mai 1933 in der Überschrift eines ausführlichen Artikels: „Besuch im Konzentrationslager Osthofen." Untertitel: „Fruchtbare Erziehungsarbeit an kommunistischen Häftlingen" – „Das Ergebnis eines Pressebesuchs". – Oder eine andere Zeitung schrieb: „Erziehungs- und Besserungsanstalt in Osthofen" Untertitel: „Im Konzentrationslager Osthofen werden verwilderte Marxisten zu anständi-gen Menschen erzogen" – „Ein Augenzeugenbericht aus dem Lager". Fast alle Zeitungsberichte begannen in etwa so: „Durch Vermittlung der Staatspresse-stelle war den Vertretern der hessischen Presse Gelegenheit gegeben, das einzige hessische Konzentrationslager für politisch Inhaftierte in Osthofen bei Worms zu besichtigen. Im Polizeipräsidium Worms begrüßte der Staatskom-missar für das hessische Polizeiwesen, Regierungsrat Dr. Best, die zahlreich erschienenen Journalisten, worauf die Fahrt nach dem Lager angetreten wurde."

Die Zeitungsberichte waren mit verschiedenen Bildern versehen, die den Eindruck vermitteln sollten, daß die Häftlinge im KZ Osthofen über nichts zu klagen hätten. Den Journalisten war erlaubt, „im Lager ohne Beschränkungen

Konzentrationslager Osthofen

Lagerregister
Laufende Nr. *4 6 5*

Personalbogen

Zu- und Vorname: *Hein, Hans*　　　　　geb. *24. X. 09.*

Wohnort: *Mainz*　　　　　Beruf: *Schreiner*

Familienstand: *verh.*

I. Aerztlicher Befund bei der Aufnahme am: _30. XII. 33._

　1. Der Inhaftierte ist gesund und haftfähig.

　2. Der Inhaftierte hat folgende gesundheitliche Mängel:

　__ist aber trotzdem haftfähig.__

　3. Der Inhaftierte ist an

　__erkrankt und nicht haftfähig.__

　　　　　　　　　　　　　　　　Der Lagerarzt:

II. Führung während der Inhaftierung:

　　　　　　　　　　　　　　　　Das Lagerkommando:

III. Aerztlicher Befund bei der Entlassung am: _27. I. 34._

　1. Der Inhaftierte ist gesund und arbeitsfähig.

　2. Der Inhaftierte hat folgende gesundheitliche Mängel:

　__ärztliche Behandlung ist aber nicht notwendig (dringlich).__

　3. Der Inhaftierte ist an

　erkrankt und bedarf fortlaufend weiterer ärztlicher Behandlung.

Der Lagerarzt:

SS-Sturmbannarzt II/33.

Der Lagerkommandant:

SS-Sturmbannführer II/33.

9

Beispiel eines Personalbogens: „Der Inhaftierte ist gesund und arbeitsfähig".

mit den Häftlingen zu verkehren". Damit das auch wirklich gut vor sich gehen konnte, waren außer den Wachmannschaften noch der Polizeipräsident Jost aus Worms, der Landespolizeiführer Oberst Fendel-Sartorius und einige SA- und SS-Führer aus dem Gebiet anwesend. Der Hohn und die Heuchelei, die in allen Zeitungsberichten ihren Niederschlag fanden, setzten sich auch in weiteren Berichten während der ganzen Dauer des Lagers fort. So erschien am 30. Juni 1933 in der Zeitung „Landskrone" ein Artikel mit der Überschrift „Was ist Osthofen" – Untertitel: „Erziehungslager oder Straflager?"

Die Ereignisse im KZ Osthofen und deren Darstellung und Widerspiegelung in der damaligen Presse machen deutlich, wie sowohl durch Terror als auch durch Propaganda der noch nicht verführte Teil eines Volkes nach und nach gefügig gemacht werden sollte. Daß die Wahrheit jedoch nicht völlig zu unterdrücken war, auch dafür gibt es eine Fülle von Beispielen. So berichtete das „Braunbuch über Reichstagsbrand und Hitlerterror", in der Emigration von Antifaschisten erarbeitet und zusammengestellt, in Basel im Juli 1933 erschienen, in einer Aufstellung über die Konzentrationslager im Hitlerdeutschland auch von der Existenz des KZ Osthofen in Hessen.

Konzentrationslager Osthofen

Besichtigung durch die hessische Presse

Durch Vermittlung der Staatspressestelle war den Vertretern der hessischen Presse gestern Mittag Gelegenheit gegeben, das einzige hessische Konzentrationslager für politisch Inhaftierte in Osthofen bei Worms zu besichtigen. Im Polizeipräsidium Worms begrüßte der Staatskommissar für das hessische Polizeiwesen, Regierungsrat Dr. Best, die zahlreich erschienenen Journalisten, worauf die Fahrt nach dem Lager angetreten wurde. Mitten in fruchtbarem Ackergelände liegt das Lager, vor 6 Wochen stand hier eine seit Jahren stillgelegte verwahrloste Papierfabrik. Heute grüßen schon von weitem die Fahnen des neuen Reiches von hohen Flaggenmasten. Das Gebäude ist gesäubert und macht einen vertrauenerweckenden Eindruck.

In einem der alten Maschinensäle betonte Staatskommissar Dr. Best, als der für die polizeilichen Maßnahmen in Hessen Verantwortliche, Zweck der Besichtigung solle sein, daß die Journalisten, denen im Lager keinerlei Beschränkungen im Verkehr mit den Häftlingen auferlegt seien, wahrheitsgetreu über das Gesehene und Gehörte berichten möchten, um in der Oeffentlichkeit falsche Auffassungen zu beseitigen.

Dr. Best betonte, er habe versucht, bei den erforderlichen Maßnahmen die politischen und staatlichen Notwendigkeiten und die Forderungen einer gewissen Menschlichkeit in Einklang zu bringen. Durch die Verordnung des Reichspräsidenten vom 28. 2. 33 erhalte die Polizei eine fast unbeschränkte Machtbefugnis, insbesondere auch hinsichtlich der Entziehung der persönlichen Freiheit. Auf dieser Verordnung beruhe die Polizeihaft, die in einer größeren Zahl von Fällen verhängt werden mußte. In einem Teil der Fälle war die Schutzhaft nötig, um den Betreffenden selbst vor Angriffen und Verletzungen zu schützen und ihn daher vorübergehend unter Polizeischutz zu nehmen. In anderen Fällen war es eine Präventivmaßnahme, um Zusammenstöße und Reibungen zu verhindern, wenn die Betreffenden, die aus der nationalen Revolution noch nichts gelernt hatten, versuchten, durch Wühlereien und Hetzereien die Staatsordnung zu untergraben. In einer Reihe von Fällen war eine gewisse Er-

Da der hessische Polizietat außerordentlich gering ist, so wurde das Lager fast ohne einen Pfennig staatlicher Mittel errichtet. Es wurde fast alles aus dem Nichts geschaffen, in erster Linie dank der umsichtigen, geschickten Tätigkeit des Lagerleiters Sturmbannführers d'Angelo, M. d. L.

Anschließend gab der Wormser Polizeipräsident Dr. Jost Aufklärung über die Arbeiten, die von den Lagerinsassen zur Herrichtung ihrer Unterkunft selbst geleistet wurden.

Bei dem Rundgang durch die beiden Hauptgebäude erhielt man einen Ueberblick, mit welchem Eifer Lagerleitung und Insassen an der Wohnlichmachung gearbeitet haben. Seien es nun die Badeeinrichtungen, Wasserleitungen, Küche, Büro, Wache, Schreinerei, Schlosserei, Schuhmacherei — selbstverständlich werden alle für Lager und Häftlinge notwendigen Arbeiten selbst verrichtet — oder der Sanitätsraum. Täglich findet ärztliche Beratung statt. Jeder Neuankommende wird sofort vom Arzt untersucht, eingeteilt und einem entsprechenden Arbeitskommando zugewiesen. Die Familien der Häftlinge erhalten entweder die Arbeitslosen- oder Wohlfahrtsunterstützung. Zurzeit ist ein großer Vortragssaal in Arbeit, der der Weiterbildung der jüngeren Häftlinge dienen soll. Nur ganz vereinzelt war es notwendig, Unruhestifter in Einzelhaft zu schicken.

Die bisher im Lager befindlichen KPD- und SPD-Abgeordneten des hessischen Landtags sind bereits am 1. Mai entlassen worden. Wir machten von der eingeräumten Freiheit, mit bekannten Lagerinsassen ungestört zu sprechen, reichlich Gebrauch. Immer wurde uns versichert, daß Behandlung und Verpflegung durch SS und SA durchaus anständig ist, daß insbesondere die Dienstanweisung für die Wachleute: „Tätliche Maßregelungen gegen die Häftlinge haben unter allen Umständen zu unterbleiben", ausnahmslos eingehalten werden. Jeder Gefangene hat das Recht, bei dem Lagerleiter begründete Beschwerden oder Wünsche vorzubringen. Brief- und Paketverkehr ist nicht beschränkt und unterliegt lediglich einer Zensur. Dreimal wöchentlich dürfen die Häftlinge Besuch empfangen. Für Unterhaltung sorgen Zeitungen und Radio.

„Pressebesichtigungen" des Konzentrationslagers sollten die Bevölkerung täuschen. Berichte aus der „Landskrone" vom 6. März 1933 und vom 22. September 1933.

ziehung angebracht. Das einzige hessische Konzentrationslager trägt ausgeprägten Erziehungscharakter. In zahlreichen Fällen, so betonte Dr. Best, hat unsere Methode die besten Früchte getragen.

Gerade Kommunisten, unsere fanatischsten Gegner, haben zuerst eingesehen, daß die Situation im Lande vielfach anders ist als sie ihnen von ihren Führern dargestellt worden war.

Sie haben vor allem aus dem täglichen Umgang mit der Lagerleitung, SA und SS, erfahren, daß diese Organisationen nicht die „Bluthunde" und „Arbeitermörder" sind, als die sie verschrieen waren.

Im Vergleich mit anderen Ländern ist in Hessen von der Polizeihaft nur in sehr geringem Umfang Gebrauch gemacht worden. Es befinden sich in Osthofen z. Zt. etwa 200 Mann, meist jugendliche Kommunisten. In das Lager kommen grundsätzlich nur Leute, deren Haft voraussichtlich länger als eine Woche dauern wird. Dennoch besteht noch ein reger Wechsel im Osthofener Lager. Ich habe am 1. Mai 115 Häftlinge in Freiheit gesetzt, um am Tage der nationalen Arbeit und Versöhnung zu zeigen, daß wir in ihnen nach wie vor Glieder der Volksgemeinschaft erblicken.

Wie Polizeipräsident Jost am Schluße der Besichtigung, an der auch der Landespolizeiführer Oberst Fendel-Sartorius und einige SA- und SS-Führer teilnahmen, mitteilte, spielt sich das Lagerleben wie folgt ab: 6 Uhr Wecken und Waschen, anschließend Revierreinigen — es sind zwei größere Gemeinschafts- und zahlreiche kleinere Räume eingerichtet —, 7 Uhr Kaffeetrinken anschließend Appell mit Einteilung der verschiedenen Arbeitskommandos, die dann bis 12 Uhr entweder im Lager selbst oder in der Umgebung ihre Arbeiten verrichten. 12 Uhr bis 1 Uhr Mittagspause, dann bis 18 Uhr Arbeitsdienst (es herrscht, wie uns mehrmals bestätigt wurde, durchaus keine Antreiberei), Abendessen, Unterhaltung, Appell und ab 21 Uhr Bettruhe. Die Häftlinge befinden sich nicht in Strafhaft sondern in Schutzhaft. Viele der Freigelassenen sind heute noch im Lager, wo sie den Anschluß an den neuen Staat gefunden haben, leichter und reibungsloser als dies in ihren früheren Kreisen möglich war.

Nach dem Dank Dr. Bests an die Journalisten für ihr Interesse unterstrich der Leiter der Staatspressestelle Hans Fall, daß Dr. Best und die Lagerleiter, sich bei dem Aufbau und der Führung es Konzentrationslagers Osthofen aus dem Schatz ihrer Erfahrungen leiten ließen, um den Zielen der nationalsozialistischen Bewegung überall zum Erfolg zu verhelfen.

22.9. 1933

Auslandspressevertreter in Osthofen

Osthofen, 21. 9. Vom Besuch des alten Worms kommend, war den Vertretern der ausländischen Presse auf ihrer Hessenfahrt auch Gelegenheit gegeben, das Konzentrationslager Osthofen zu besichtigen. Polizeidirektor Jost-Worms richtete vor der Führung einige erklärende Worte an die Journalisten. Er sprach von der gewaltigen kommunistischen Gefahr, wie sie durch die neuen Veröffentlichungen noch einmal besonders eindringlich dargelegt wurde. Er zeigte auch, wie die Osthofener SS in uneigennütziger Weise aus dem verwahrlosten, mit Schutt- und Trümmerhaufen und fußhohem Staub übel genug zugerichteten Fabrikgebäude ein sauberes und tadelloses Konzentrationslager hergerichtet hatte. Er führte die Gäste durch alle Einrichtungen des Lagers, wobei Sturmbannführer und Lagerverwalter d'Angelo Begleiter war. Aerztezimmer und Küche, Aufenthalts- und Schlafräume, Arbeitsstätten und die Aufenthaltsräume der SS — alles wurde den Gästen gezeigt, und sie konnten sich in freimütiger Weise mit den Gefangenen unterhalten. Sie konnten Auskünfte hören, die sämtlich das Essen und die menschliche Behandlung lobten. In ein paar Schlußworten bat Polizeidirektor Jost, mitzuhelfen an der Aufklärung über das wahre Deutschland. „Wir wünschen nur, daß das schildern, was Sie gesehen haben, damit wird der Unsinn, der in so vielen ausländischen Blättern berichtet wird, genügend widerlegt".

Besuch im Konzentrationslager Osthofen.

Fruchtbare Erziehungsarbeit an kommunistischen Häftlingen. — Das Ergebnis eines Pressebesuchs.

Darmstadt, 5. Mai. (WSN.) Durch Vermittlung der Staatspressestelle war den Vertretern der hessischen Presse Gelegenheit gegeben, das einzige hessische Konzentrationslager für politisch Inhaftierte in Osthofen bei Worms zu besichtigen. Im Polizeipräsidium Worms begrüßte der Staatskommissar für das hessische Polizeiwesen, Regierungsrat Dr. Best, die zahlreich erschienenen Journalisten, worauf die Fahrt nach dem Lager angetreten wurde. Mitten in fruchtbarem Ackergelände liegt das Lager, vor 6 Wochen stand hier eine seit Jahren stillgelegte verwahrloste Papierfabrik. Heute grüßen schon von weitem die Fahnen des neuen Reiches von hohen Flaggenmasten. Das Gebäude ist gesäubert und macht einen vertrauenerweckenden Eindruck. In einem der alten Maschinensäle, betonte Staatskommissar Dr. Best, als der für die polizeilichen Maßnahmen in Hessen Verantwortliche,

Zweck der Besichtigung solle sein, daß die Journalisten, denen im Lager keinerlei Beschränkungen im Verkehr mit den Häftlingen auferlegt seien, wahrheitsgetreu über das Gesehene und Gehörte berichten möchten, um in der Oeffentlichkeit falsche Auffassungen zu beseitigen. Dr. Best betonte, er habe versucht, bei den erforderlichen Maßnahmen die politischen und staatlichen Notwendigkeiten und die Forderungen einer gewissen Menschlichkeit in Einklang zu bringen.

Durch die Verordnung des Reichspräsidenten vom 28. Februar 1933 erhält die Polizei eine fast unbeschränkte Machtbefugnis, insbesondere auch hinsichtlich der Entziehung der persönlichen Freiheit. Auf dieser Verordnung beruhe die Polizeihaft, die in einer größeren Zahl von Fällen verhängt werden mußte. In einem Teil der Fälle war die Schutzhaft nötig, um den Betreffenden selbst vor Angriffen und Verletzungen zu schützen und ihn daher vorübergehend unter Polizeischutz zu nehmen. In anderen Fällen war es eine Präventivmaßnahme, um Zusammenstöße und Reibungen zu verhindern, wenn die Betreffenden, die aus der nationalen Revolution noch nichts gelernt hatten, versuchten, durch Wühlereien und Hetzereien die Staatsordnung zu untergraben. In einer Reihe von Fällen war eine gewisse Erziehung angebracht. Das ein-

Oben: Staatskommissar Dr. Best, Polizeipräsident Dr. Jost (Worms), Lagerleiter Sturmbannführer d'Angelo (Osthofen). — Unten: Die Häftlinge beim Mittagessen.

zige hessische Konzentrationslager trägt ausgeprägten Erziehungscharakter.

In zahlreichen Fällen, so betonte Dr. Best, hat unsere Methode die besten Früchte getragen. Gerade Kommunisten, unsere fanatischsten Gegner, haben zuerst eingesehen, daß die Situation im Lande vielfach anders ist, als sie ihnen von ihren Führern dargestellt worden war. Sie haben vor allem aus dem täglichen Umgang mit der Lagerleitung, SA. und SS. erfahren, daß diese Organisationen nicht

„Gießener Anzeiger", 6.5.1933

Von der Rheinfront

12.4.33

9 Ueberführungen nach Osthofen

Die nationale Revolution hatte bisher nur in einigen wenigen Fällen ihre sichtbaren Wellen nach hier getragen, soweit es sich um das Vorgehen gegen Personen handelte. Die große Bereinigung stand noch bevor.

Es war aber kein Schade; denn während dieser Wochen hatten die Mitglieder der nationalen Verbände Zeit, die Führer der linksgerichteten Organisationen in Bezug auf ihre Einstellung zur neuen Regierung zu beobachten und so die Spreu vom Weizen zu sondern. Dabei wurde beobachtet, daß die geheimen Zusammenkünfte, die kleinen, an sich nicht großen Aktionen immer wieder von einzelnen Drahtziehern arrangiert wurden.

Aufgeschoben aber ist nicht aufgehoben, u. gestern kam der Tag der Taten für die Gemeinde Guntersblum. Gestern vormittag rückte ein Ueberfallwagen mit drei Kriminalbeamten, SA.-, SS- und Stahlhelmhilfspolizei an, und gemeinsam mit der Guntersblumer Gendarmerie wurden die vorläufigen Festnahmen durchgeführt. Es gab eingehende Verhöre, die bis nachmittags andauerten. Dabei wurden die Beobachtungen bei den vorher vorgenommenen Haussuchungen mit verwertet. Beschlagnahmt wurden die Musikinstrumente des Reichsbanners, die Fahne und einige Schriftstücke.

Von den 20 Personen, die zum Verhör vorgeführt wurden, wurden 11 wieder freigelassen, 9 aber mußten den Weg nach Osthofen ins Konzentrationslager antreten. Es sind das: Kaufmann Leo Fränkel, Wirt Karl Wittlinger, Arbeiter Peter Schniering, Arbeiter Ruppert, Arbeiter Philipp Midinet, Arbeiter Otto Schätzel, Arbeiter Heinrich Göttelmann, Andreas Marquardt und der Knecht Heinrich Simon.

Der ebenfalls festgenommene Weinhändler Artur Mayer wurde nach Oppenheim überführt und in Haft behalten. Er wird ebenfalls nach Osthofen überführt werden.

Im Laufe des gestrigen Abends wurden noch festgenommen und nach Osthofen überführt E. Trumpler, Lorenz Schmitt und H. Burkhardt.

Im Osthofener Lager befinden sich zur Zeit 66 Personen in Schutzhaft.

Die wieder freigelassenen Personen bleiben unter ständiger Kontrolle. Sollte es sich ergeben, daß die geheimen Machenschaften nach diesen Festnahmen kein Ende nehmen, so wird sofort abermals durchgegriffen und weitere Isolierungen dürften dann die unmittelbare Folge sein.

Heute in Gimbsheim!

Von den Ereignissen der letzten Jahre ist hier noch diverses zu bereinigen und abzurechnen. Ganz besonders noch die Schießerei am 10. Juli 1932, bei der der Scharführer Karl Oswald schwer verletzt wurde und ein Mitglied der Hassia einen Armschuß davontrug. Neben diesen Ereignissen sind aber auch hier zahlreiche Vorkommnisse vorhanden, in die noch Licht gebracht werden muß und gebracht werden wird.

Heute morgen gegen 5 Uhr wurden vier Mitglieder der SPD., als sie zur Arbeit fahren wollten, festgehalten und festgenommen. Gegen 7 Uhr rückte der Ueberfallwagen mit Hilfspolizei und Kriminalbeamten an. Die Polizei schritt sofort zu weiteren Festnahmen und machte schnelle Arbeit. Gegen 8 Uhr waren bereits insgesamt 20 Mann festgenommen. Weitere Festnahmen stehen bevor. Bei den Haussuchungen wurden Waffen und verschiedenes schriftliche Material gefunden.

Bericht der Zeitung „Landskrone", Oppenheimer Kreisblatt, vom 12. April 1933.

Zeitungsberichte über das KZ Osthofen von April 1933 bis März 1934

Die Zeitung „Landskrone", Oppenheimer Kreisblatt, veröffentlichte regelmäßig Meldungen und Berichte – meist in der Rubrik „Von der Rheinfront" – über Einlieferungen in das Konzentrationslager Osthofen.

Die Aktionen der NSDAP am Wochenende

Zahlreiche Festnahmen – Überführungen ins Konzentrationslager nach Osthofen – Boykott –

Oppenheim   3.4.33

Acht Mann ins Konzentrationslager! Gestern nachmittag wurden folgende Personen von der Polizei festgenommen und später nach Osthofen ins Konzentrationslager überführt: Heinrich Dexheimer (Obersteuerinspektor), Philipp Zell (Verwaltungsinspektor), Ant. Darmstadt (Kreissekretär), der früherer Tambourmajor des Reichsbanners Hans Best und sein Bruder Heinrich Best, Andreas Baade, Schneider Johann Andreas und Philipp Scherning. Es handelt sich bei dieser Aktion um eine polizeiliche Vorbeugungsmaßnahme. Die Inhaftierten haben sich sämtlich an geheimen Sitzungen und Zusammenkünften beteiligt. Aus polizeilichen Sicherheitsgründen war es erforderlich, um Ruhe und Ordnung aufrecht erhalten zu können, daß sie isoliert werden. Der Polizei sind auch die Namen der Drahtzieher bekannt, die diese Sitzungen gefördert haben. Scherning und Genossen, die sich schon früher gern als „Helden" feiern ließen und besonders dort gern hervortraten, wo es ungefährlich war, haben in der Nacht zum Sonntag, als sie die Herberge verließen, „Freiheit!" und „Frei Heil!" gerufen und sich damit in den bewußten und gewollten Gegensatz zu den Verordnungen der nationalen Regierung gesetzt u. die öffentliche Ordnung und Sicherheit gefährdet. – Als gegen 9 Uhr gestern abend die Abfahrt erfolgte, hatte sich auf dem Marktplatze eine große Menschenmenge eingefunden, die der Abfahrt zusah und die Aktion der Polizei mit „Heil Hitler!"-Rufen begrüßte. – Als das Lastauto mit den Inhaftierten an der Herberge Benz vorbeifuhr, rief ein Handwerksbursche aus der Tschechei – ausgerechnet! – „Freiheit!" Er wurde daraufhin sofort von der Polizei festgenommen und eingesperrt. – Seine Frau, die lärmend gegen die Festnahme ihres Mannes protestierte, mußte ebenfalls für kurze Zeit in Schutzhaft genommen werden.

Der Boykott gegen die jüdischen Geschäfte und Unternehmen verlief im Kreise Oppenheim ohne jeden Zwischenfall. Zum Teil hatten die Geschäfte bereits Freitag ihre Pforten geschlossen. In Oppenheim waren durch Plakate an den Geschäften diese als jüdisch kenntlich gemacht. Flugblätter wurden zur Aufklärung der Bevölkerung verteilt. Die Geschäfte blieben zum allergrößten Teil von ihren Inhabern   auch während des gestrigen Verkaufssonntags geschlossen.

*

4.4.33

Gestern wurden durch die Polizei die intensiven vielseitigen Arbeiten zur Aufklärung von Vorkommnissen der letzten Jahre fortgesetzt.

Von Nierstein

wurden verhaftet und ins Konzentrationslager nach Osthofen überführt: Adam Brinkmann (Reichsbahnassistent), Anton Nowitzki (Arbeiter), Nikol. Lerch (Schiffer), Karl Hofmeister (Architekt), Heinrich Karg (Arbeiter), Philipp Spies (Postschaffner), Andreas Licht (Geschäftsführer und Privatsekretär), Georg Hoffmann (Schiffer).

Oppenheim   12.4.33
Festgenommen. Gestern wurde der Angestellte der Allgemeinen Ortskran-kenkasse, Zahlstelle Wörrstadt, Delorme, festgenommen. Er wurde in das Konzentrationslager nach Osthofen überführt. Delorme glaubte, seine provoka-torische Arbeit – wie der bereits abgeführte Reuter – durch Zurufe und Belästigungen innerhalb eines öffentlichen Gebäudes des Bahnhofes, fortset-zen zu können. Beide haben, wie ihnen nachgewiesen wurde, an geheimen Sitzungen teilgenommen, die hauptsächlich bei dem festgenommenen Schnei-der Andreas stattgefunden haben.

Osthofen   19.4.33
Reinigungsarbeiten. Durch verschiedene Inhaftierte des Konzentrationsla-gers wurden unter Aufsicht eines Hilfspolizisten die stark verschmierten Wände und Häuser mit kommunistischen und sonstigen Aufschriften vor den Osterfei-ertagen wieder entfernt.

Bodenheim   27.4.33
Ins Konzentrationslager. Gestern nachmittag erschien hier der Überfallwa-gen der Oppenheimer Hilfspolizei, meldete sich unter Führung des Polizeileut-nants Wagner auf der hiesigen Gendarmeriestation und verhaftete im Anschluß daran den Kaufmann David Jerz, den Eisendreher Karl Schornstheimer und den Taglöhner Georg Oberkehr, um sie nach dem Konzentrationslager Osthofen zu bringen. Den beiden Letztgenannten dürfte man nur wünschen,

daß sie in ihrer neuen Heimat liebevolle Pflege finden, die sie zu gesitteten anständigen Menschen machen und ihnen die von früher her bekannten Raufhändel und dergleichen aus dem Kopfe treiben.

Nackenheim 3.5.33

Wegen Beschimpfung der SA in Haft. In der Nacht von Montag auf Dienstag wurde in Nackenheim Gg. Schäfer, wohnhaft am Rhein, in Schutzhaft genommen, da er in Lokalen die SA und SS in böswilliger Art und Weise beschimpfte und herabwürdigte. Für die Nacht kam er in Polizeigewahrsam und am frühen Morgen mittels Autotransport nach Osthofen in das Konzentrationslager.

Osthofen

Aus dem Osthofener Konzentrationslager freigelassen wurden am 1. Mai, dem Tag der nationalen Arbeit, 115 Häftlinge, vorwiegend Handarbeiter.

Dienheim 6.5.33

In das Konzentrationslager Osthofen eingeliefert wurde Heinrich Lohmann 1. von hier. L. hat bei der Maifeier eine Hakenkreuzfahne heruntergerissen und durch Rot-Front-Rufe seine „Sympathie" für die nationale Regierung gezeigt.

Mommenheim 8.5.33

Nach Osthofen. Georg Löb von hier wurde heute morgen wegen kommunistischer Redensarten verhaftet und nach Oppenheim in Arrest gebracht. L. wird noch im Laufe des Tages ins Konzentrationslager nach Osthofen überführt.

Schornsheim 8.5.33

Damit er umlernt! Der Arbeiter Ludwig Matthes von hier wurde durch die Hilfspolizei festgenommen und in das Konzentrationslager nach Osthofen gebracht. Matthes hatte sich vor allem bei einem Reichsbannerüberfall auf Mitglieder der NSDAP im vorigen Jahre „rühmlichst" hervorgetan. Auch er dürfte bald einsehen, in wie verhängnisvollem Irrtum er sich seinerzeit befunden hat!

Oppenheim 12.5.33

Wieder nach Osthofen! Als Folge der Beschlagnahme des Vermögens der SPD wurden auch in Oppenheim bei Parteistellen erneut Haussuchungen abgehalten. Da die Inhaber der Parteiämter über die Kassenlage usw. keine genügende Aufklärung geben konnten, wurden sie festgenommen und nach Osthofen ins Konzentrationslager überführt. Überführt wurden Philipp Zell, Anton Darmstadt und Friedrich Wagner jun.

Bodenheim 17.5.33

Festgenommen und gestern nach Oppenheim überführt wurde Heinrich Jertz von hier wegen Beleidigung der nationalsozialistischen Partei. Jertz wird heute nach Osthofen ins Konzentrationslager gebracht.

Bodenheim 17.5.33

Ab nach Osthofen! Die beiden Kommunisten August Gutgesell und Adam Markloff wurden gestern festgenommen und nach Oppenheim gebracht, um später nach Osthofen ins Konzentrationslager überführt zu werden. Gutgesell und Markloff haben es nicht unterlassen können, durch ihre parteipolitische Tätigkeit Unruhe in die Öffentlichkeit zu tragen. – Pfarrer Olf ist von Kommunisten ein Drohbrief zugegangen. Man hofft, auch diese Täter bald entlarven zu können.

Oppenheim 17.5.33

Nach Osthofen! Gestern wurden die Weinhändler Bockmann und Karl Hertz festgenommen und mit dem Personenwagen Bockmanns nach Osthofen ins Konzentrationslager gebracht.

Oppenheim 18.5.33

Er wollte nach Osthofen. Vom Arbeitsnachweis in Mainz wurde gestern morgen ein etwa 19jähriger Mann nach Oppenheim zum Arbeitsdienstlager geschickt. Unterwegs im Eisenbahnwagen schimpfte er auf die SA und SS bzw. wollte diese lächerlich machen. Einer der Mitreisenden meldete dies dem Eisenbahnpersonal, das telephonisch Bericht nach Oppenheim weitergab. Hier wurde er in „liebenswürdiger" Weise von der Polizei in Empfang genommen, die ihn, statt ins Arbeitsdienstlager, nach – Osthofen ins Konzentrationslager weiterleitete.

4.6.33

Festgenommen und nach Osthofen gebracht wurden gestern durch den Truppführer der SS Reinhold Görtz, Oppenheim, Geschäftsführer Andreas Licht und Andreas Spies. Die beiden waren die Drahtzieher bei den Vorgängen.

Hahnheim 21.9.33

Um eines andern belehrt zu werden! Der Bäckermeister Heinrich Schröder von hier wurde nach Osthofen ins Konzentrationslager gebracht. Er hatte auf der Selzener Kerb wieder einmal eine schwarz-rot-goldene Anwandlung bekommen und behauptet, daß die Fahne, wenn auch verbrannt, doch nicht tot wäre. Die Zeit wird ihm anderes lehren!

Bodenheim 8.6.33

Nach Osthofen gebracht. Ein Niersteiner Maurer, der infolge früherer Arbeitsleistungen am hiesigen Ort und in der Umgebung gut bekannt ist, besuchte in Gau-Bischofsheim mehrere Bekannte und fing an, in schweren Vorwürfen auf die Reichsregierung zu schimpfen. Die Bevölkerung nahm eine drohende Haltung gegen ihn ein, so daß er es vorzog zu verschwinden und gegen Bodenheim zu wandern. In der hiesigen Gemarkung wurde er von der Ortspolizei in Empfang genommen, über Nacht im Arrestlokal behalten und am nächsten Morgen dem Kreisamt Oppenheim vorgeführt. Wegen Beleidigung der Reichsregierung wurde er nach Osthofen geschickt.

Osthofen 26.6.33

Reichsstatthalter Sprenger besuchte Samstag das Konzentrationslager, nachdem auf dem Schulhofe eine kurze Empfangsfeierlichkeit stattgefunden hatte. Dem Reichsstatthalter wurden von der Bevölkerung lebhafte Ovationen dargebracht. – Kurz nach halb 9 Uhr passierte der Reichsstatthalter mit einem Gefolge die Orte der Rheinfront.

Mierendorf im Konzentrationslager. Der frühere Pressechef der ehemaligen hessischen Regierung, Karl Mierendorf, wurde nach hier in das Konzentrationslager eingeliefert.

Nackenheim 3.7.33

Wieder nach Osthofen. Die Gebrüder Rösinger, die schon einmal wegen Bedrohung hiesiger Personen nach Osthofen gebracht worden waren, mußten abermals nach dort überführt werden, weil sie den Bürgermeister bedroht haben. Hoffentlich lernen sie jetzt in Osthofen, was manche von ihnen dort gelernt haben: Der neue Staat ist ein Staat der Ordnung und nicht der Willkür!

Nackenheim 6.7.33

Zwei Mann nach Osthofen! Die Zeit ist vorbei, in der jeder glaubte, sich seinen eigenen politischen Brei kochen zu können! Wer das heute noch zu können glaubt, irrt, und es gibt Einrichtungen, wo er davon überzeugt wird, daß er im Unrecht ist! – Hier wurde gestern morgen Karl Musseleck sen. festgenommen und nach Osthofen überführt, weil er Reichskanzler Adolf Hitler beleidigt hat. – Wegen ebenfalls politischer Verfehlungen wurde der Getreidehändler Hch. Wolf ebenfalls gestern nach Osthofen überführt.

Dienheim 12.7.33

Nach Osthofen ins Konzentrationslager überführt wurde gestern Hermann Krenzer von hier. Krenzer hat die Regierung beleidigt.

Heidesheim   12.7.33

Ins Konzentrationslager nach Osthofen gebracht wurde der Apotheker Max Holländer wegen Verächtlichmachung des nationalen Staates und seiner Regierung.

Gau-Algesheim   29.7.33

Verhaftet wurde durch das Sonderkommando Oppenheim der Arbeiter Rud. Berger auf Gut Wiesberg wegen kommunistischer Umtriebe.

Dienheim   9.8.33

Verhaftet. Der Erwerbslose Wilhelm Nauth, der der Kommunistischen Partei nahesteht, wurde gestern wegen Beschimpfung der Reichsregierung, sowie wegen Bedrohung eines SS-Mannes durch das Sonderkommando Oppenheim verhaftet.

Undenheim   9.8.33

Verhaftet. Der Arbeiter Braun wurde gestern durch das Sonderkommando Oppenheim verhaftet, da er die Reichsregierung beschimpft hat.

Ins Konzentrationslager gebracht   14.8.33

Darmstadt, 12.8. Nachdem bereits vor einigen Tagen der berüchtigte Exbürgermeister und Landfriedensbrecher Karlo Neff aus Michelstadt durch Beamte des Hessischen Staatspolizeiamts festgenommen und ins Konzentrationslager gebracht worden war, fand gestern in Michelstadt erneut eine Reihe von Festnahmen statt. Auf Anordnungen des Hess. Staatspolizeiamtes wurden insgesamt 11 Angehörige der SPD durch die Gendarmerie verhaftet und durch ein Sonderkommando sofort nach Osthofen gebracht. Auf dem Marktplatz vor dem Rathaus hatte sich eine riesige Menschenmenge angesammelt, die durch lebhafte Beifallskundgebungen ihrer Genugtuung über den Abtransport der Marxisten Ausdruck gab. Bei den Schutzhaftgefangenen handelt es sich fast durchweg um Personen, die an den bekannten Landfriedensbrüchen in Michelstadt beteiligt waren und bisher dafür keinerlei Strafe verbüßt haben. Dies hatte ihnen den Mut gegeben, sich auch jetzt noch gegen die nationale Regierung zu betätigen und bei jeder Gelegenheit gegen den Führer Stellung zu nehmen.

Nierstein   15.8.33

Verhaftet und ins Konzentrationslager nach Osthofen überführt wurde gestern der Schiffer Heinrich Dilg von hier wegen Beleidigung der Reichsregierung.

Oppenheim   21.8.33

Verhaftet wurde gestern der Maurer Rudi Lathomus von hier, weil er sich gegenüber Ortsgruppenleiter Biedert zu Äußerungen hinreißen ließ, die erkennen lassen, daß L. auch heute noch gegen die NSDAP und die nationale Regierung wühlt. Lathomus wird heute nach Osthofen ins Konzentrationslager überführt werden.

5 Niersteiner Kommunisten verhaftet   11.9.33

Gestern nachmittag wurden durch das Oppenheimer Sonderkommando 5 Kommunisten verhaftet die heute noch der verbotenen KPD. angehören. Seit einiger Zeit war einem SA-Mann aufgefallen, daß die Kommunisten in Nierstein einen regen Verkehr untereinander hatten. Er machte von seinen Beobachtungen der Gendarmerie Mitteilung welcher der „Betrieb" der Kommunisten ebenfalls verdächtig vorkam. Bei einer überraschenden Haussuchung durch das Oppenheimer Sonderkommando fand man dann tatsächlich umfangreiches belastendes Material bei den Verdächtigen. Der Arbeiter Friedrich Kessel verkaufte an seine Gesinnungsgenossen Unterstützungsmarken für einen „Antifaschistischen Arbeitskongreß". Im Verfolg der Haussuchungen wurden außer ihm die Kommunisten August Frank, Gg. Eberhardt, Jakob Lerch und Fritz Lerch festgenommen und ins Amtsgerichtsgefängnis Oppenheim bzw. ins Polizeigefängnis eingeliefert. Einige weitere KPD-Leute sind dringend verdächtig, sich ebenfalls an diesen Umtrieben beteiligt zu haben. Sie können jetzt über diesen allrussischen „Menschheits-Verelendungs-Kongreß" nachdenken und sich bei ihren Verführern bedanken. Eines mögen sie und alle ihre Gesinnungsgenossen sich gesagt sein lassen: In Zukunft werden Saboteure am Wiederaufbau unseres Vaterlandes die ganze Strenge des Gesetzes zu fühlen bekommen!

Gimbsheim   31.8.33

Nach Osthofen. Die Arbeiter Krieg und Guthier, die Beleidigungen gegen die Reichsregierung aussagten, wurden nach Osthofen ins Konzentrationslager gebracht.

Oppenheim 1.9.33
Fritz Rüffer befindet sich seit gestern wieder in Oppenheim, und zwar in Polizeigewahrsam. Er dürfte in den nächsten Tagen nach Osthofen übersiedeln.

Nackenheim 8.9.33
Haussuchungen und Feststellungen wurden bei verdächtigen Kommunisten durch das Oppenheimer Sonderkommando vorgenommen. Auch in Bodenheim glauben KPD-Angehörige immer noch gegen den neuen Staat wühlen zu müssen. Die Herrschaften seien gewarnt!

Eimsheim 8.9.33
Ins Konzentrationslager nach Osthofen eingeliefert wurde der in Schutzhaft genommene Jakob Mause von hier.

18.9.33
Mainz. (7 Kommunisten nach Osthofen.) Durch die Flugblattverteilung in der Nacht vom 31.8.1933 veranlaßt, wurden in Finthen auf Anordnung des Landespolizeipräsidenten durch die Gendarmerie in Mainz die früheren Funktionäre der KPD: Nikolaus Hanselmann, Jakob Steinbrech, Joh. Rothgerber, Ludwig Rehm, Jakob Silz, Rudolf Feick und Peter Josef Binnefeld unter Zuhilfenahme der Hilfspolizei der SA und des Stahlhelms verhaftet. Es sind darunter verschiedene Kommunisten, die Osthofen bereits zum dritten Male kennenlernen.

Schwabsburg 30.9.33
In Schutzhaft genommen wurde der ehemalige Bürgermeister Friedrich Raab, der sich in abfälliger Weise über die neue Regierung äußerte. Nach ärztlicher Untersuchung wurde er wegen geschwächter Gesundheit wieder entlassen, ihm jedoch zur Bedingung gemacht, Schwabsburg für einige Wochen zu verlassen.

Schimsheim 3.10.33
Verhaftet! Wegen Beleidigung und Tätlichkeit gegen den Bürgermeister wurden durch das Sonderkommando Oppenheim Jakob Dindorf und dessen beiden Söhne Franz und Jakob und Karl Winkes aus Armsheim verhaftet. Die Verhafteten wurden in das Konzentrationslager nach Osthofen gebracht.

Gimbsheim 3.10.33
Er hat sich nicht gebessert! Durch das Sonderkommando Oppenheim wurde Franz Adam Guthier erneut verhaftet, da er sich wieder über die nationale

Regierung abfällig geäußert hat. Guthier, der der KPD nahestand, war erst vor 8 Tagen aus dem Konzentrationslager Osthofen entlassen worden.

Nierstein   6.10.33
Nach Osthofen abgeführt wurde gestern der Invalide Maurer Peter Kessel. K. ist bereits zum zweiten Male dortselbst.

                                                   9.10.33
In Schutzhaft nach Osthofen kamen der ehemalige Bürgermeister Schömbs aus Hahnheim und der Essighändler Mühlbach von dort.

Guntersblum   13.10.33
In Schutzhaft genommen wurde durch das Sonderkommando Oppenheim der Viehhändler Seemann von hier.

Harxheim   16.10.33
Nach Osthofen verbracht wurde am Samstag durch das Sonderkommando Oppenheim ein früherer Truppführer der SA.

Guntersblum   16.10.33
Nach Osthofen. Der jüdische Metzger Josef Wolf von hier wurde wegen Beleidigung der SS durch das Sonderkommando Oppenheim verhaftet und nach Osthofen gebracht.

Oppenheim   24.10.33
Verhaftet und durch das Sonderkommando nach Osthofen gebracht, wurde Stefan Delorme von hier. In abfälliger Weise hat sich derselbe über die nationale Regierung in einer hiesigen Wirtschaft geäußert.

Nach Osthofen verbracht   26.10.33
Das Sonderkommando Oppenheim hat am Mittwoch den in der Käsgasse in Oppenheim wohnhaften Theodor Ziegler, sowie Heinrich Röhrich in Hillesheim wegen Beleidigung der Regierung in Schutzhaft genommen und ins Konzentrationslager nach Osthofen gebracht.

Oppenheim   8.11.33
Nach Osthofen gebracht wurde der Bäcker Jakob Fischer von hier, Fischweg. Der Festgenommene hatte sich Sammlern der Winterhilfe gegenüber gegen die Reichsregierung geäußert und ihm überreichte Druckschriften zum 12. November vor ihren Augen verbrannt.

Nach Osthofen   18.11.33

Das Sonderkommando Oppenheim nahm am Freitag folgende Verhaftungen und Überführungen nach Osthofen ins Konzentrationslager vor:

Jakob Jungbluth 2. in Mommenheim und Heinrich Leib 2. jr., Mommenheim, wegen Beleidigung der SA und der Reichsregierung.

FAD-Mann Lang vom Lager Oppenheim des Freiwilligen Arbeitsdienstes wegen marxistischer Umtriebe im FAD-Lager.

Heinrich Groh jr. in Dorn-Dürkheim wegen Beleidigung der Führerin der NS-Frauenschaft Eimsheim.

                                                                   31.1.34

Worms, 31. Jan. (Gastwirt kommt nach Osthofen.) Wie der Polizeibericht meldet, wurde ein Wormser Gastwirt in Schutzhaft genommen und dem Konzentrationslager Osthofen zugeführt, weil nachweisbar sein Lokal als Sammelpunkt für Marxisten diente. Der Wirt duldete, daß diese kommunistische Redensarten führten und die Regierung verächtlich machten. Seine Wirtschaft wurde auf längere Zeit geschlossen. Der Wirt hat außerdem Bestrafung zu gewärtigen.

Dienheimer ehemalige KPD-Funktionäre festgenommen   1.2.34

Am 30. Januar 1934 wurden in einem Privatbriefkasten in Dienheim mehrere kommunistische Druckschriften aufgefunden. Da die Verbreiter dieser Druckschriften nicht ermittelt werden konnten, so wurden mehrere kommunistische Funktionäre aus Dienheim durch die Gendarmerie und das Sonderkommando in Oppenheim festgenommen und ins Amtsgerichtsgefängnis eingeliefert.

Gimbsheim   1.2.34

Nach Osthofen. Der Sohn eines hiesigen Landwirts wurde ins Konzentrationslager Osthofen eingeliefert, da er andauernd die Maßnahmen der Regierung verächtlich zu machen suchte.

                                                                   3.2.34

Weiter wurde ein Schreiner von Erbes-Büdesheim in Schutzhaft genommen und dem Konzentrationslager Osthofen zugeführt, weil er in stark betrunkenem Zustand während der Übertragung der Rede des Reichskanzlers abfällige Äußerungen gemacht hat.

Osthofen   6.2.34

Ins Konzentrationslager eingeliefert... Die Staatspolizeistelle teilt mit: In das Konzentrationslager Osthofen wurden eingewiesen: Ein Maurer aus Wiesoppenheim, weil er die von einem Landwirt an die Winterhilfe gelieferten Kartoffeln wahrheitswidrig als Schweinefutter bezeichnet hatte; ein arbeitsloser Bergmann aus Worms, weil er den Reichstagsbrandstifter van der Lubbe als unschuldig bezeichnete und behauptete, ein nationalsozialistischer Reichstagsabgeordneter sei der Täter; ein tschechischer Staatsangehöriger und dessen Geliebte aus Worms, weil beide ihre Lebensmittelpakete und ihre Gutscheine für Fett, Kohlen und sonstige Lebensmittel verkauft haben; ferner wurden vier Personen eingewiesen, weil sie versuchten, den Staat und dessen Organe verächtlich zu machen.

Gimbsheim

Ins Konzentrationslager... Ein hiesiger Einwohner mußte, nachdem er eine Nacht in Haft genommen wurde, nach Osthofen gebracht werden.

Osthofen   5.3.34

Ins Konzentrationslager übergeführt. Ein in Osthofen wohnhafter Arzt wurde dem Konzentrationslager zugeführt, weil er durch sein unsoziales Verhalten seinen Dienstpersonen gegenüber in der Öffentlichkeit Ärgernis erregte.

**So stellte die Zeitung „Landskrone" am 9. Februar 1934 das „Oppen-
heimer Sonderkommando" vor, eine berüchtigte Schlägertruppe als
„zuverlässige Stütze der Hessischen Staatspolizei".**

KZ Osthofen bestand bis etwa Ende 1934

Das Lager existierte von Mitte März 1933 bis etwa zur Jahreswende 1934/35. Es war ein reines Männer-KZ. Die Vielfalt der Häftlingskategorien wie später in den großen KZ gab es in Osthofen noch nicht. Nach Osthofen wurden in erster Linie politische Gegner aus den Reihen der Arbeiterbewegung eingeliefert: Kommunisten, Sozialdemokraten, Gewerkschafter, parteilose Antifaschisten. Hinzu kamen in unterschiedlicher Stärke jüdische Häftlinge. Auch Separatisten, welche aus der Zeit der Rheinlandbesetzung bekannt waren, wurden eingeliefert. Es finden sich jedoch keine Unterlagen darüber, und es berichtet auch kein ehemaliger Häftling, daß es bereits in Osthofen solche Häftlingsgruppen gegeben habe, wie sie später von den Nazis als Bibelforscher, angeblich „Asoziale", Vorbeugungshäftlinge oder „Berufsverbrecher", „Homosexuelle" u. a. in Einzelaktionen oder in Razzien eingefangen und in die Lager eingeliefert worden sind.

Das „Einzugsgebiet", das heißt die Region, aus der die Häftlinge kamen, waren die drei Provinzen des Volksstaates Hessen. Hinzu kamen hin und wieder, vor allem im Anfang, einzelne oder Gruppen aus Preußen. Genaue Zahlen über die Belegungsstärke über Zeitabschnitte oder über die ganze Zeit gibt es nicht. Aus den verschiedenen Berichten der ehemaligen Häftlinge läßt sich sagen, daß es in den ersten Tagen des Lagers Mitte März 1933 etwa zwischen 30 und 80 Häftlinge gewesen sein müssen. Später pendelte die Zahl wohl immer zwischen 250 und 400. Wenn in einem Bericht einmal die Rede von etwa 500 Häftlingen ist, so dürfte das entweder eine Fehlschätzung oder ein kurzer und vorübergehender Höhepunkt in der Belegung gewesen sein. Etwa ab April 1934 verringerte sich die Zahl der Häftlinge. Es wurden Transporte nach Esterwegen und nach Dachau zusammengestellt. Soweit die Justiz Ansprüche im Zuge von politischen Ermittlungsverfahren stellte, wurden Überstellungen an die verschiedenen Gerichte vorgenommen. Es gibt bisher keinerlei geschlossene und umfassende Listen oder Karteien mit den Namen und den Daten der Häftlinge, die durch das KZ Osthofen gegangen sind. Es ist auch kaum anzunehmen, daß solche Unterlagen, wie sie z. B. beim Internationalen Suchdienst in Arolsen für das KZ Buchenwald vorhanden sind, noch gefunden werden. Es gibt auch keine offiziellen Unterlagen von Todesfällen im KZ Osthofen. Auch die Berichte der ehemaligen Häftlinge erwähnen keine Todesfälle. Es ist daher anzunehmen, daß während der Inhaftierung in Osthofen selbst keine Häftlinge zu Tode gekommen oder umgebracht worden sind. Dagegen sprechen auch nicht die fürchterlichen Mißhandlungen. Das KZ Osthofen war eben weder ein Vernichtungslager noch ein Arbeitslager mit nebenher gegebenem Vernichtungseffekt von Häftlingen, wie sie die späteren großen Konzentrationslager der faschistischen Herrschaftsperioden gewesen sind. Hinzu kommt, daß die Dauer des Aufenthalts im Lager Osthofen bei etwa vier bis acht Wochen lag, in manchen Fällen allerdings auch bei vier bis sechs Monaten.

Die Unterbringung in den alten Fabrikgebäuden war primitiv. Dabei ist besonders auf den Unterschied zwischen dem Lager I, eben dem Stammlager, und dem Lager II hinzuweisen. Letzteres bedeutete verschärfte Haft unter den unmenschlichsten Bedingungen. Das Lager II befand sich zunächst in einer alten Mühle. Es wurde später in das Ortsgefängnis verlegt. Die Verpflegung im Stammlager I war nicht großartig, auf keinen Fall so, wie in den Berichten der Nazizeitungen immer wieder beschrieben. Doch war sie im Verhältnis zu der Verpflegung in der verschärften Haft des Lagers II immerhin noch erträglich. Die Arbeitsmöglichkeiten für die Häftlinge waren begrenzt. Abgesehen von den reinen und sinnlosen Schikanearbeiten, waren die Häftlinge im Anfang in erster Linie mit der Herrichtung der Gebäude und des Geländes, mit der Erstellung der Inneneinrichtung befaßt. Dann gab es verschiedene Bau- und Arbeitskommandos, die weitgehend auch außerhalb des Lagers beschäftigt wurden, so z. B. im Braunen Haus in Worms.

Genausowenig, wie es einwandfreie und umfassende Unterlagen über die Häftlinge gibt, sind solche über die Bewachungsmannschaften vorhanden. Bei ihnen handelte es sich um SA- und SS-Leute aus Oppenheim, Worms, Mainz und Offenbach. So kam der Lagerkommandant, der SS-Sturmbannführer de Angelo, aus Offenbach am Main. An sonstigen Namen sind in den Unterlagen nur noch Krebs und Schneider genannt. Letzterer ist wohl vor allem deswegen bekannt geblieben, weil er nach der Auflösung des Lagers wegen Veruntreuung von Geldern bei der Stadt Osthofen zu einer Zuchthausstrafe verurteilt worden ist. Im Zuchthaus trafen ihn dann politische Häftlinge, die zuvor in Osthofen gewesen waren, wieder.

Zu den Berichten der ehemaligen Häftlinge oder auch im persönlichen Gespräch mit ihnen wird immer wieder gesagt, daß man Namen entweder überhaupt nicht gewußt, oder wenn doch, sie vergessen hat. Im übrigen wurden von dem Landeskommissar für das hessische Polizeiwesen, dem späteren Landespolizeipräsidenten Dr. Best, die SA- und SS-Leute der verschiedenen Herkunft zu Einheiten der ,,Hessischen Politischen Hilfspolizei" zusammengefaßt, wobei es sich um SS-Einheiten als Sonderkommandos handelte, im Falle des KZ Osthofen als Lagerwache.

Mit der Auflösung des Lagers wurden sie zu einem kleinen Teil in ihre Berufe entlassen, die anderen gingen in die späteren KZ. So kam auch der Lagerkommandant de Angelo als SS-Führer nach Dachau. Über sein Ende ist bekannt, daß er in den letzten Tagen, bevor die US-Armee-Einheiten 1945 in Rheinhessen vorstießen, mit seinem Motorrad in der dortigen Gegend unterwegs gewesen ist. Das Motorrad fand man auf der Rheinbrücke. Die Leiche de Angelos wurde einige Tage später aus dem Rhein gefischt. Ob Freitod oder ein Unglücksfall vorliegt, blieb ungeklärt.

Von den Wachmannschaften des KZ Osthofen ist nicht bekannt, daß auch nur irgendeiner im Zusammenhang mit seiner Tätigkeit im Lager Osthofen vor Gericht zur Rechenschaft gezogen worden ist.

Schlußbemerkungen

Das vorliegende Heft ist der Versuch, aus dem Material, das bisher auffindbar war, einen Bericht darüber zu geben, was damals am Anfang des Dritten Reiches in einem begrenzten Teil unseres Landes geschehen ist. Vielleicht ist daraus eine bescheidene Dokumentation zu Ehren der Menschen entstanden, die in jener Zeit gekämpft und gelitten haben. In diesem Zusammenhang soll noch einmal daran erinnert werden, daß es sich in erster Linie um Menschen aus den Organisationen der Arbeiterbewegung – ohne Unterschied, ob Sozialdemokraten, Kommunisten oder Gewerkschafter! – sowie damals schon um jüdische Menschen gehandelt hat.

Vielleicht ist es auch gelungen, in dieser Darstellung zu zeigen, wie durch undemokratische Methoden, durch Terror verschiedenen Grades vorher und nachher sowie durch eine verlogene Propaganda in einer wirtschaftlichen und gesellschaftlichen Notsituation sich große Teile unseres Volkes haben verführen und einschüchtern lassen. Das konnte geschehen, obwohl ein anderer Teil der Menschen vorher und nachher Widerstand gegen diese Entwicklung geleistet hat, die von Osthofen bis nach Auschwitz, aus einem zwar trügerischen Frieden in den Zweiten Weltkrieg mit seinen ungeheuerlichen Vernichtungen von Menschen und Sachwerten geführt hat.

Der Bericht ist aber auch als Warnung gedacht, damit sich nicht noch einmal wiederholen kann, was damals gewesen ist. Die faschistische Diktatur ist von Menschen gemacht worden, nachdem sie in einer sich entwickelnden Krisensituation geplant und mit ihren Folgen einkalkuliert war. Es gibt keine absolute Sicherheit, daß aus ähnlichen Situationen heraus die Herrschenden zum Zwecke der Erhaltung ihrer Herrschaftsgegebenheiten sich nicht der gleichen oder ähnlicher Methoden bedienen würden. Beängstigend sind nicht nur die Tatsachen, daß trotz dem Furchtbaren, das geschehen ist, es wieder Menschen gibt, die als alte oder neue Nazis an Gedankengut und Handlungsweisen der damaligen Zeit anknüpfen. Schlimm ist es, daß die restaurativen Kräfte in unserer Gesellschaftsordnung dies dulden oder gar unterstützen. Das Ganze spielt sich vor dem Hintergrund von Krisenerscheinungen unserer Wirtschafts- und Gesellschaftsordnung ab. Nur rechtzeitiger Widerstand kann neue Gefahren verhindern.

Anhang

„Wormser Zeitung", 13. Mai 1977:

„Als wäre es erst gestern gewesen"
Eine bemerkenswerte Gedenkfeier im ehemaligen „KZ Osthofen"

Wohl viele Bürger von Worms und Umgebung werden erstaunt fragen: In Osthofen soll es ein KZ gegeben haben? Da es bislang keine wissenschaftliche Dokumentation über dieses kurz nach der nationalsozialistischen Machtübernahme 1933 errichtete Lager gibt, ist der Fragende auf persönliche Erinnerungen der Betroffenen angewiesen; je nach der politischen Einstellung werden dann Funktion und Bedeutung dieses „KZ's" sowie die Verhältnisse, die dort geherrscht haben (1933–34), unterschiedlich „interpretiert" werden.

Von daher ist ein nicht zu unterschätzendes Verdienst der „Lagergemeinschaft Osthofen" gewesen, im unmittelbaren Zusammenhang mit dem 32. Jahrestag der Kapitulation des „Dritten Reiches", eine „Mahn- und Gedenkkundgebung" auf dem ehemaligen Gelände dieses ersten Konzentrationslagers auf (damals noch) hessischem Boden zu veranstalten.

Etwa 300 bis 400, zumeist junge Menschen nahmen daran teil; sie kamen in Omnibussen größtenteils von auswärts, versammelten sich vor dem Bahnhof Osthofen und zogen ruhig-diszipliniert durch die Straßen Osthofens, um dann auf dem Fabrikgelände der ehemaligen Möbelfabrik „Hildebrandt & Bühner" ihre Kränze niederzulegen und den Rednern, zu denen vor allem auch ehemalige Lagerinsassen gehörten, ihre Aufmerksamkeit zu schenken.

Es war ein sonniger Mai-Nachmittag, der selbst das düstere und schon im Verfall begriffene Fabrikgelände in einem erträglichen Lichte erscheinen ließ. Freilich: die mitgeführten Transparente und die Ausführungen der Redner – besonders in den sich anschließenden mehr persönlichen Gesprächen – verwiesen eindringlich auf weniger „schöne" Tatbestände.

Vor den oft mit sichtlicher innerer Erregung vorgetragenen „Erinnerungen" einiger Lagerinsassen verblaßte zeitweise sogar der von den Veranstaltern bewußt hergestellte Bezug zu verschiedenen Gegenwartserscheinungen in der Bundesrepublik (etwa dem hart umstrittenen „Berufsverbot"). Sicher, das politische, vornehmlich radikalsozialistisch orientierte Engagement der damaligen „Inhaftierten" ist auch heute noch ungebrochen und wurde gerade auch von der Jugend mit offenkundiger Begeisterung aufgenommen; aber zwischen den Ereignissen von „damals" und heute liegen eben doch fast 45 (!) Jahre, in denen sich erhebliche Veränderungen vollzogen haben, die direkte Vergleiche recht problematisch machen.

Es ist hier nicht der Ort, das Leben im „KZ Osthofen", das ja nicht zuletzt in dem berühmten Roman „Das Siebte Kreuz" von Anna Seghers seinen sozusagen weltliterarischen Niederschlag gefunden hat, im Detail zu schildern; das sollte – wie schon erwähnt – einer ausführlichen Dokumentation vorbehalten sein, aus der dann immerhin auch hervorgehen wird, daß zum Beispiel der bekannte sozialdemokratische Reichstagsabgeordnete Carlo Mierendorff dort vorübergehend inhaftiert war (er mußte u. a. Nägel geradeklopfen, die ein anderer Mithäftling kurz zuvor krummgeschlagen hatte!).

Vielmehr soll von dem unmittelbaren Eindruck kurz berichtet werden, den vor allem die Erlebnisberichte der „Ehemaligen" auf den Zuhörer machten, der selbst zu jener Zeit noch ein Kind gewesen ist. Man hatte das – eigentlich überraschende – Empfinden, daß diese mündlichen Augenzeugenberichte trotz allem Erlittenen von einer erstaunlichen Objektivität geprägt waren. Natürlich gab es den brutalen Sadisten und Menschenschinder, obwohl – auch dies wurde einhellig bestätigt – es zu keinen Erschießungen und Morden in diesem Lager gekommen ist, aber es gab auch den „menschlichen" (authentisches Zitat!) Kommandanten, der dann allerdings später abgelöst wurde!

Neben spontanen Feststellungen, wie etwa: „Hier hat sich (von den Baulichkeiten her gesehen) kaum etwas verändert; ich meine, es wäre erst gestern gewesen!" – erfolgten sachlich-nüchterne Auskünfte über das Leben im Lager; wie man behandelt wurde, welche besonderen Schikanen es gegeben hat, welchen Erleichterungen man teilhaftig werden konnte und wie andererseits andere Mitgefangene durch Mißhandlungen zu leiden hatten; „da waren die der Kälte ausgesetzten Unterkünfte", „dort befand sich der Appellplatz" u. a. m.

Man „erlebte" in der Tat ein Stück (deutscher) Geschichte. Hier berichteten Zeugen glaubwürdig und wahrheitsgetreu von Geschehnissen, die wir „Nachgeborenen" nicht miterlebt haben. Es waren Informationen aus erster Hand, d. h. der Mensch (schließlich das „Subjekt" der Geschichte) stand leibhaftig vor einem in einer Umgebung, die ihrerseits fast zeitlos geblieben ist, so daß es eigentlich keiner sonderlichen Phantasieanstrengungen bedurfte, um sich in das damalige Lagerleben gleichsam zurückzuversetzen.

Den recht zwanglosen und von jeglicher Verkrampfung freien Gesprächen konnte man manche wertvolle Details entnehmen, ja man konnte im nachhinein noch Reflexionen grundsätzlicher Art anstellen, etwa aufgrund der Aussage eines Häftlings, der davon sprach, daß die vermeintlichen „Herrenmenschen", d. h. in diesem Falle also die Wachmannschaft, die teils aus SA-, teils aus SS-Leuten bestanden hat, durchaus bestechlich gewesen wären, was den Häftlingen ihrerseits bewiesen hätte, auf welchen schwachen Füßen dieser

„neue" Staat doch stand!

Offenbar ist der Mensch geneigt, zumindest (jede) Macht auch mit (dem) Recht gleichzusetzen und insofern sind die Versuche, von denen zur gleichen Zeit die Wormser Lokalpresse berichtete, diese „verführten Menschen durch Vorträge und Erklärungen... von ihren irrigen Ansichten zu befreien", keineswegs ausschließlich als Zynismus zu verstehen.

Die erklärten Gegner und Gefangenen der Nationalsozialisten waren nicht nur psychischen Prüfungen – von den physischen ganz zu schweigen – ausgesetzt, sondern auch ihr „Weltbild" mußte sich bewähren, zumal ja – was insbesondere die Kommunisten betraf – ihre Führer in den ersten Monaten nach dem 30. Januar 1933 eine Stillhalte-Taktik einschlugen, die – wie man heute sagt – der Basis absolut unverständlich war. Doch dies nur am Rande.

Nein, es waren diese Monate und Jahre kurz vor 33 und danach unendlich viel komplizierter, als sie vielen heute erscheinen mögen (außer den „Unverbesserlichen" gibt es noch die Vielzahl derer, die glauben, ganz genau zu wissen, was damals geschah!). Das „KZ Osthofen" – im Grunde ein Experimentierfeld der etablierten nationalsozialistischen Staatsgewalt für „richtige" Konzentrationslager, in denen ihre zahlenmäßig doch recht starken Gegner untergebracht werden mußten – ist ja noch im blutgetränkten Dunstkreis der bürgerkriegsähnlichen Atmosphäre am Ende der Weimarer Republik entstanden.

Von den Aggressionen, die damals auf beiden Seiten der politischen Extremen gleichsam freigesetzt wurden, kann man sich heute nur noch sehr schwer ein anschauliches Bild machen. Das sieht – zunächst – nach einer „reaktionären" Relativierung der verübten Gewalttaten aus; aber dadurch fällt uns das Verständnis leichter für das, was damals (und nicht nur damals!) der Mensch dem Menschen antun konnte.

So war es trostlos und tröstlich zugleich zu sehen und zu hören, was seinerzeit im „KZ Osthofen" geschah; es war eine Stunde echter Rückbesinnung, die man nicht zuletzt an den nachdenklichen Gesichtern gerade der vielen jungen Leute ablesen konnte, die ja schließlich dieses Wochenende auf eine durchaus andere und entsprechend „amüsantere" Weise hätten verbringen können.

GEORG HEINTZ

Literaturhinweise

Aronsohn, Shlomo: Reinhard Heydrich und die Frühgeschichte von Gestapo und SD, Stuttgart 1971.

Bracher, Karl Dietrich: Die Auflösung der Weimarer Republik, Stuttgart und Düsseldorf 1957.

Bracher / Sauer / Schulz: Die nationalsozialistische Machtergreifung. Westdeutscher Verlag, Köln und Opladen 1960.

Braunbuch über Reichstagsbrand und Hitler-Terror. Faksimile-Nachdruck der Originalausgabe von 1933. Röderberg-Verlag, Frankfurt am Main 1978.

Braunbuch. Kriegs- und Naziverbrecher in der Bundesrepublik, Berlin/DDR 1965.

Buchheim, Hans, u.a.: Anatomie des SS-Staates. Band 2: Konzentrationslager – Kommissarbefehl – Judenverfolgung, Walter-Verlag, Olten und Freiburg im Breisgau 1965.

Ebert, Wolfgang / Schulz, Reinhard: PDI Sonderheft 4. ,,Das Urteil von Mannheim – NPD nicht verfassungsfeindlich?" München 1978.

Engelmann, Bernt: ,,Einig gegen Recht und Freiheit". Frankfurt am Main 1977.

Geschichte der deutschen Arbeiterbewegung in acht Bänden. Band 4 und 5. Dietz Verlag, Berlin/DDR 1966.

Henkys, Reinhard: Die nationalsozialistischen Gewaltverbrechen. Kreuz-Verlag, Berlin/Stuttgart 1964.

Hermlin, Stephan: ,,Das Werk der Anna Seghers" in: Stephan Hermlin und Hans Mayer ,,Ansichten". Wiesbaden 1947.

Herndlhofer, Monika: ,,Darstellung des Faschismus und des antifaschistischen Kampfes in dem Roman ,Das siebte Kreuz' von Anna Seghers". Examensarbeit Frankfurt am Main 1977.

Hirsch, Kurt: SS gestern, heute und… Progress-Verlag Johann Fladung, Darmstadt 1960.

Hirsch, Kurt: Kommen die Nazis wieder? Verlag Kurt Desch, München 1967.

Kempner, Robert M.W.: SS im Kreuzverhör. Rütten und Loening Verlag, München 1964.

Mausbach-Bromberger, Barbara: Arbeiterwiderstand in Frankfurt am Main. Gegen den Faschismus 1933–1945. Röderberg-Verlag, Frankfurt am Main 1976.

In Memoriam Carlo Mierendorff. Literarische Schriften von Kasimir Edschmid. Darmstadt 1947.

Moos, Ludwig: ,,SA in Hessen". Geschichte der Brigaden 50 und 150, Groß-Gerau o. Jahreszahl (1934?).

Mörfelden: ,,Die Stadtfarbe ist rot!" Herausgeber ,,Blickpunkt", Mörfelden 1976.

Niekisch, Ernst: Das Reich der niederen Dämonen. Rowohlt Verlag, Hamburg 1953.

Pingel, Falk: Häftlinge unter SS-Herrschaft. Hamburg 1978.

Pingel, Henner: Das Jahr 1933 – NSDAP – Machtergreifung in Darmstadt und im Volksstaat Hessen. Darmstadt 1978.

Poliakov, Leon / Wulf, Josef: Das dritte Reich und die Juden. arami Verlag, Berlin 1955.
dieselben: Das dritte Reich und seine Diener, ebenda, Berlin 1956.
dieselben: Das dritte Reich und seine Denker, ebenda, Berlin 1959.

Reitlinger, Gerald: Die Endlösung. Colloquium Verlag, Berlin 1960.

Seghers, Anna: Das siebte Kreuz, Roman. Neuwied und Berlin 1962.

Stampfer, Friedrich: Die ersten 14 Jahre der deutschen Republik. Offenbach am Main 1947.

Vorläufiges Verzeichnis der Haftstätten unter dem Reichsführer SS 1933–1945 I. Band. Internationaler Suchdienst Arolsen 1969.

Weimarer Republik. Herausgegeben vom Kunstamt Kreuzberg, Berlin, und dem Institut für Theaterwissenschaft der Universität Köln. Elefanten Press Berlin (West) und Hamburg 1977.

Wiechert, Ernst: Rede an die deutsche Jugend 1945. München 1945.

Zuckmayer, Carl: Carlo Mierendorff. Porträt eines deutschen Sozialisten. Suhrkamp Verlag, Berlin 1947.